〈実例〉にみる

「聞き上手」は「生き方上手」

坂川 山輝夫 著

まえがき

「あなたは話し上手ですか、それとも話しべたの方ですか」と質問すると、10人のうち、まず7、8人は話しべただという答えが返ってきます。「それでは聞き上手ですか、聞きべたでしょうか」と突っ込むと、「まあ、聞く方は何とか……」と、モグモグ口を動かすか、聞き上手・聞きべたの意味を図りかねたのでしょう、怪訝な顔をします。

私たちは話す時、自分の意図どおりに言葉が出てこない、途中で話が途切れてしまうなどの状況に直面すると、自分の自我の破壊とか喪失感を味わいます。しかし、上手に話を聞くことの重要性や難しさには、それほど痛痒を感じていない人が多いようです。

実際は、話すよりも聞く方が難しく厄介な行為です。話し手は自分の話したい内容を、ある内面の必要に基づいて、ある論理的な組み立てによって、あるスピードで声帯から押し出します。ここでいう〝ある〟とは、自分の好みとか、自分の習慣になっているという意味です。

このように話し手の自分の好みの、あるいは習慣になっている行動形式を、聞き手は声として自分の耳で受領し、眼で相手をとらえていたとしても、話し手のコトバの物理的・心理的系列に頭や心が付いていくことができるかどうかは分かりません。まして話し手の論理やコトバや速度が飛躍していたり、話し手が自分中心に話を進めれば、ますます聞き手の頭脳は混乱します。話し手の話を必死で取り込もうとすればするほど、心的疲労は甚だしくなります。

こういった意味で、話すよりも聞く方が難しいと言ったわけです。一方、聞き方を上手にする（聞き上手になる）ことは、逆に話し手の心の動きにタッチし、話し手の意図を推量・推考することになるので、自分が話し手の立場に置かれた時に聞き手の気持ちを慮《おもんぱか》ることができます。そのため、聞きべたの人の話しぶりよりも、どこか違っているはずです。

さて、「聞き上手な人」とは次のような人が該当すると私は考えます。

① 話し手が気持ちよく話せるように気を配ることができる人
② 話し手の話を助力したり誘導できる人
③ つまらない話でも話し手の身になって我慢して聞くことができる人
④ 話し手の言おうとして言えない、いわば心の晴れない想いを察することができる人
⑤ 話し手のまとまらない話を聞きながら、心の中で内容を整理し要点をつかむ人
⑥ 話し合い、会議、雑談などで、たえず話の流れやその場のムードを察知し、要所要所で適切に話の進行を要約したり処理することができる人
⑦ 聞きながら話し手に適切なヒントや指示を与えることができる人

などでしょう。

私はいつも感じていることですが、結局、右のようなことができるということは、相手を温かく抱擁する心づかいがあるということです。こういった心づかいがなければ、話の場での単なる「聞き流し上手」に過ぎないでしょう。

今、私は「聞き流し上手」という普段あまり使われていないコトバを取り上げましたが、聞き流し上手とは結局は「聞きべた」のことです。話を聞くのに上手やへたがあるのかと思われるかもしれませんが、話をすることに上手・へたがあるのですから、当然、聞くことにも上手、へたはあります。その聞きべたの特徴を次に掲げてみましょう。

① 話を聞いている時、戸外の模様や室内の様子、人の動きなどに気を取られてそちらに視線を移す

② 話し手の容貌や話しぶり、その属性（肩書き、立場、年齢、性別、専門）などから、すぐその人の価値を判断する

③ 時間がかかったり、理解不十分な話には、どうでもいいような態度を取ったり、うわの空で聞く

④ 話し手の内容、コトバづかい、声の調子が気にさわる時に、反感・軽蔑・軽視の気持ちを持つ。あるいはそれを顔に出す

⑤ 話が自分にとって興味がないと、なま返事をしたり、他のことを考えたりする

⑥　話し手の嫌がっているクセを出して聞く
⑦　話し手が表わした喜怒哀楽の感情に、「われ関せず」といった態度を示す
⑧　どのように言質《げんち》をとってやろうかとする（あげ足をとったり、相手の言い違いを冷笑したりする）
⑨　話されることに迷惑そうな態度をとったり、時間を気にしてチラチラ時計を見る
⑩　トンチンカンな受け答えをする

などです。

私はこれまで160冊ほどの単行本を執筆してきました。コミュニケーションを説いた本も数多くありますが、そのほとんどは〝話し方〟が中心です。聞き方に関するものは『聞き上手人間上手《つきあい》』（86年、ごま書房）と『聞き上手が成功する』（99年、成美堂出版）の2冊です。このたび太陽出版からの強いお勧めで、内容を検討し再び世に問うことにしました。聞くことは話すことに対しての受動的行為ではなく、むしろ聞くことの能動性こそコミュニケーションの活性化につながることを強調しました。そのため各項目ごとに**実例**を示しました。ご精読後の実行をお願いする次第です。

平成27年4月

坂川《さかがわ》　山輝夫《さきお》

目次

第1章

人づきあいは、口より耳がモノを言う

1 コミュニケーションをうまくするには、話す前に聞くこと

現代はコミュニケーションの時代だといわれています。それだけに「話がヘタなのでもっと話し上手になりたい」とか「話すことによって主導権を握りたい」と望んでいる人は、かなり多いようです。上手に話すことが、コミュニケーションを円滑に進めるのに大切な要素であると考えられているからでしょうが、果たして上手に話せるだけで、コミュニケーションはスムーズに運ぶでしょうか。

たとえば、会議を想定してみましょう。会社の会議でもPTAの会合でも同じですが、司会者がいかに話術にたけている人物だったとしても、彼が一方的に話してばかりいては、それは会議ではなくて、単なる「報告会」にすぎません。会議というコミュニケーションの場を成立させるために、出席者がお互いに、ある時は報告者や質問者となり、そしてまたある時は聞き役にまわることこそが、「必要で十分な条件」になります。すなわち、話し手と聞き手のバランスがうまくとれていてこそ、理想的なコミュニケーションが生まれるのです。

このことは一対一の対話に置き換えてみても同じことです。ですから、何がなんでも、うまい話し手になる必要はありません。まず相手の話をキチンと聞くことができる「よき聞き手」

となることで、コミュニケーションはスムーズになるのです。

では、どんな聞き方をすべきなのか、それがこの本のテーマですが、まず最初に聞き上手であることのメリットをあげておきます。

まず第一に、聞き上手は相手から信頼感が得られるということがあります。これは、自分のまわりを振り返ってみればお分かりになると思いますが、〝聞く耳を持たない〟人が、人から好かれること、信頼されることはまずないはずです。

第二は、聞き上手になることで、自然に話し上手になれるということがあります。

人の興味を引くような話をするためには、話の「中身」の良し悪しが決め手となることが多いものです。しかしその中身というのも、よくよく考えてみれば新聞やテレビ、雑誌などのメディアを通して得た情報のほか、「～から聞いたのだが」という〝耳学問〟も少なからずあります。これは、人の話を聞くことによって、自分の話の内容も充実してくるということです。昔から「聞き上手」は「話し上手」というのはこういう意味もあってのことなのです。

たしかに、身近にいる話し上手と評される人は、例外なく人の話をよく聞く人たちのはずです。他人から聞いた話をうまく吸収して、今度は「自分の言葉」に置き換えて話ができる、だからこそ話題も豊富なのです。逆に、話をしていてもつまらない人は、聞く耳を持たない人たちです。彼らは人の話を聞くよりも、自らの自慢話や人の悪口やうわさ話を好みます。

このように、人間上手《つきあい》になるためには、何もすぐれた話術は必要ありません。聞く技術を身につけるだけで、豊かな人間関係が生まれるものなのです。

2

〝落語家殺すにゃ刃物はいらぬ、アクビ三つで即死する〟

人間は理性の動物であると同時に、感情の動物でもあると言われています。ある人に言わせると、人間は損得の計算ばかりしている〝勘定の動物〟でもあるらしいのですが、それはさておき、人間の行為の中で理性と感情の、どちらが大きな比重を占めているかについて、アメリカの社会福祉事業家、ギャレットが興味のある発言をしています。

「人はときに理性的な動物である。が、多くの場合は、衝動や偏見に支配されて行動する。ときには、胃のもたれや貧血症などの身体の症状が行動を決定することもある」と。

つまり、ギャレットは「人間の行動はおおむね感情に支配されている」と指摘しているわけです。彼の指摘は、私たちの毎日の生活を振り返ってみても、なるほどと納得できるはずです。

例えば、ほとんどの人は、会話の相手を、意識するしないにかかわらず、話す内容より、その時の態度で判断してしまうものです。たとえ、話の内容が同じであっても、その相手が好感の持てる態度であれば「この人の話は筋が通っていて面白い」と感じるでしょうし、態度が悪ければ「彼は口だけは一人前だな」と批判的に受け取ってしまう傾向にあります。

話がまわりくどくなったかもしれませんが、こうした人間の心理的傾向を考えた場合、自分の言い分を認めてもらうには、まず相手に好かれることが大切なポイントであるということです。そのためには、相手のつまらない話にも、まずじっと耳を傾けることです。人間は自分の話に聞き入ってくれる者に好感を持つからです。

落語家の三遊亭円歌《さんゆうていえんか》師匠が以前、ある雑誌のインタビューに答えて、こんなことを言っていました。円歌師匠の十八番《おはこ》は「山のアナ、アナ……」という古い落語ファンならご承知のフレーズが入るものですが、あまりおなじみになりすぎたせいか、時には客席から「なんだ、またその話か、聞きあきた」とヤジが飛ばされることもあると言います。ところが、師匠にすればそんなヤジは痛くも痒くもないそうです。ヤジはまだ自分の話を聞こうという気持ちの表われだからでしょう。

怖いのは話を無視してアクビをされることだそうです。何かの拍子で、客の一人と視線が合った時に、大口を開けてアクビをされたことがあるそうですが、その時は啞然としてしまって、次の言葉が出てこなかったそうです。〝落語家殺すにゃ刃物はいらぬ、アクビ三つで即死する〟というわけです。

落語家という〝話のプロ〟に限らず、話し手は、聞き手の態度がたいへん気になるものなのではないでしょうか。すなわち、真剣な顔で聞いてくれていれば「あの人は話を面白がっているのだな」ということを感じますし、そっぽを向いて話を聞いていれば「彼はきっと悪意を持っている」と思っても不思議はありません。話し手は、聞き手の態度によって自分に対する感情を推しはかろうとするものです。

したがって、相手の話がつまらないと思っていても、イライラして、先を急がせたり、話の腰を折ったりしないことです。じっくりと根気よく話に耳を傾けていれば、相手はあなたを自分の理解者だと思い、自然と好感を持つようになるはずです。面白いことに、最初はつまらないと思っていても、話を聞くにつれて、その人の人間性が理解できて、相手に好感を持つことも少なくありません。そうすれば、円滑な人間関係ができあがり、自分の言い分もキチッと理解してもらえるというものです。

そのような人間関係の見本ともいえるのが、家族間の関係です。

たいていの家庭では、子どもに「お父さんとお母さんどっちが好き」とたずねると、お母さんという答えが返ってくるはずです。これは、母親が日頃から子どもの「アノネ、アノネ」という話に耳を傾けているからです。父親の方はというと、食事の際にでも子どもが何か話しかけようものなら、「メシを食う時は黙って食え」と一喝しかねません。これで、子どもに好かれようというのが無理な話なのです。

ともあれ、好かれたいと思う相手がいるなら、まずは、じっくりと話に耳を傾けてみてはいかがでしょう。

3 話を徹底的に聞くことで、相手を説得した〝経営の神様〟

今でも語り継がれている〝経営の神様〟と称された松下幸之助《まつしたこうのすけ》氏が率いた松下グループ（現・パナソニック）が、当時、めざましい発展を遂げた原動力として必ずあげられるものに、その高密度の販売ネットワークがあります。ところが、現在のような磐石の販売体制が築かれるまでには、何度かのピンチを乗り切らなければならなかったといわれています。

その中でも1965年前後に訪れた不況はかなり深刻なもので、同社も販売会社から代理店に至るまで苦境に陥ったそうです。その時に、同社が窮状を打開するために打ち出したのが、大胆な販売体制の見直しです。もちろん、それは松下幸之助氏自身の発案によるものでした。ところが販売店や代理店から、反対の声が一斉に上がったのです。

それに対して、松下氏はまず1200店にものぼる販売店の経営者を集めました。そして、反対する代理店の経営者たちの意見をどんどん発表させたそうです。彼らが思う存分に意見を述べたあと、それらの意見を取り入れる形で、松下氏は新しい販売システムについて詳しく説明しました。こうした松下氏の謙虚な対応に、反対を述べていた代理店も納得し、最後は満場一致で新しいシステムを推進していくことを決定したといわれています。

また、政治の世界にも、〝演説の名人〟といわれる人が大勢いますが、なかでも強腕の宰相、田中角栄《たなかかくえい》氏の説得力には際立ったものがありました。とくに、地元である新潟県内で街頭演説を行ったりすると、大勢の聴衆が田中氏の話に聞き惚れていたと言われます。

ダミ声でがなり立てるだけのようにも聞こえる彼の演説に、どうしてそれほどの魅力があったのでしょうか。今から思うと、その秘密は彼の聞き上手にあったのではないかと私は思っています。

田中氏は地元民の声をよく聞くことで有名で、陳情団が一日に何百人とやってきても、その一つひとつに耳を傾けて、「よっしゃ」と承諾し、しかもどんな些細なことでも着実に実行していったと言われています。つまり、その実行力もさることながら、人の意見を徹底的に聞くという彼の謙虚さが、魅力的な演説となり、聞く人の気持ちを引き込んでいったのではないでしょうか。

自分の考えを理解してもらうには、まず、相手の話に耳を傾ける。そのことによって、相手との間に一種の信頼関係が働いて、言葉にも説得力が出てくる――。この松下氏と田中氏の二つのエピソードは、聞き上手としての基本姿勢をよく教えています。

4　「知っているのに知らんぷり」も、聞き方のうち

「年をとると同じ話を繰り返すようになる」とよく言われます。とくに多いのが「今の若い連中は……」とか「ワシの若い頃は……」「オレのオヤジがよく言っていたが……」というグチや昔話です。聞く側にすれば、「また始まったか」と耳をふさいでしまいたくなるものですが、話を聞く時に、「またか」といった気持ちで聞いていると、本当に面白い話というのは、なかなか聞くことができないものです。

あるベテランの新聞記者から、こんな話を聞いたことがあります。昔の事件を追跡していたころ、犯人をよく知っている老人がいることが分かったそうです。そこで、たびたび老人宅に足を運ぶようになったのですが、なかなか話が進展しなかったというのです。老人は彼の顔を見ると「おう、そうじゃそうじゃ」と話を始めるのですが、毎回、同じ話ばかりで、記者が知りたいと思っている事柄については、さっぱり触れる気配もありません。

これではいつまでたっても取材は進まないと思ったその記者は、何回目かの訪問から方針を変えたといいます。それまでは、いかにも新聞記者の取材といった感じで質問調の話をしていたのですが、それをやめて「おじいちゃん、あの話、面白いねえ。もっと聞かせてよ」「この間、おじいちゃんから聞いたこと、女房に話したんだ。今日はその続きを話してもらえるね⁉」などと、孫が祖父にお伽話《とぎばなし》をせがむような調子で話しかけるようにしたのです。記者にすれば、何とか老人を味方にしようという苦肉の策でした。

ところがその話しかけが、老人の心の中に何らかの変化を呼んだのです。老人はいつもとは違った調子で話を始めました。全体としては、いつもと同じような話ですが、ところどころに新しい事実が折り込まれているのです。そして、ついにその記者は、犯人の出生の秘密や、幼年期の悲惨な生活などを詳しく知ることができたそうです。おそらく、記者の甘えるような態度に、老人が仕事以上のものを感じて心を開いたのでしょう。

同じような例は他にも少なくありません。たとえば、誰か気になる人間がいて、その人のことを知りたいために、共通の友人に話を聞きに行ったとしましょう。ところが、相手の口から出てきたのは、すでに知っていたエピソードです。しかし、そこで「何だ、このまえ聞いた話じゃないか、また同じ話か」と思っては、新しい事実は聞き出せません。

「そこは気がつかなかったな。それでどうしましたか」とか、「へえ、そんなこともあったんですか。面白いですね。もっと教えて下さいよ」と、まずは身を乗り出すことです。すると、相手は自分の話も役に立っているのかと、気分を和ませ心を開いてくれるものです。そこまでいけば、あとは思うがまま話が聞けるようになるはずです。

私の知り合いの営業マンは、この人間心理を活用して、抜群の営業成績をあげています。彼は皆から〝年寄りキラー〟というニックネームで呼ばれているのですが、企業の会長や相談役などのいわゆる長老クラスとの取引が大変多く、それもビジネスを超えた付き合いを続けているようです。

彼の説明によると、長老クラスはどちらかというと、現場を離れた人が多いようで、案外、孤独な人ばかりだといいます。そうした人たちを専門に、お好みのおみやげを持って足しげく通う。話の内容もほとんど世間話か、その長老の昔話です。

他の人なら「またか」といった話を、そのセールスマンは「また、あの話を聞かせて下さいよ」と、訪ねるのです。そうした日ごろの付き合いで、長老から思わぬ契約話が持ち込まれてくるというのです。

このように、素直に「教えて下さい」「お願いします」という姿勢を見せることが、結果的に、相手の心を開かせることになるのです。

5 知らないことは、正直に「知りません」と答えるのが聞き方の基本

兼好法師《けんこうほうし》の『徒然草《つれづれぐさ》』の第五十二段にこんな話があります。

仁和寺《にんなじ》というお寺に年配の坊さんがいました。彼はまだ、名高い石清水《いわしみず》八幡宮に参詣したことがないのを、日ごろから大変残念に思っていました。そこである時、ふと思いついて、案内も連れずに一人で参詣に出かけていったのです。ところが初めてなものですから、どこに本社があるか分からない。石清水八幡宮というのは、本社が山の頂きにあるのですが、そのことを知らないその坊さんは、本社を目指して坂道を登っていく参拝者を見て不審に思います。ところが「なぜ、こんなところまで来て山に登るのだろう。何かあるのだろうか」とは思ったものの、ついにその疑問を参拝者に聞くことはせず、自分は長年の念願を果たしたつもりで、さっさと帰ってしまったのです。

このエピソードの結びとして、兼好法師は「少しのことにも先達はあらまほしきことなり」(些細なことにも案内者が必要なものである)と言っています。もし、その坊さんが、坂道を登って行く参拝者に一言でも「山の上に何があるのか」と聞いていれば、本社に参ることもできたのです。その一言がなかったために、彼は石清水八幡宮がどこにあるのかを一生、知らずに過

ごすことになったのです。「聞くは一時の恥、聞かぬは一生の恥」という諺《ことわざ》がピッタリの逸話といえるでしょう。

誰でも人から知らないことを聞かれた場合に、「知りません」と答えるのは抵抗を感じるものです。同じように、当たり前のこととしてほとんどの人が知っているような「周知の事実」についても、なかなか尋ねることはできないものです。それは「何だ。こんなことも、知らないのか」と相手から、見下されるのが恥ずかしいからです。

職場でも同じような心理が働きます。たとえば、会議の席などで、部長が「分からない点は何でも質問するように」と言ったとします。ところが、皆、分かったような顔をして、誰も質問しません。ところが、会議が終わってから、横に座っていた同僚に「さっきの話はどういう意味か？」と尋ねると、「実はオレも分からなかった」という答えが返ってきたりする――このような例は決して少なくありません。〝一時の恥〟をかくのが嫌で、その場しのぎを続けている人が案外いるものなのです。

しかし、「知っているふり」ばかりしている人に、進歩がないことはいうまでもありません。分からないことは「分かりません」、知らないことは「知りません」と素直に聞く方が賢明ではないでしょうか。

私の知り合いに、この「分かりません」で、大成功を収めた中小企業の経営者がいます。

彼は、中学を卒業してから、現在の仕事に携わるまで、数十の職業を経験した苦労人ですが、彼の営業方法は、「分かりません」という言葉そのものに自分をさらけ出した、ストレートなものでした。

たとえば、客が法律などの難しい専門用語を持ち出してくると、「分かりません。勉強しておきます」と素直に答え、学歴も知識もないことを包み隠さずに伝えていたというのです。そんな素直さが「正直なセールスマン」として、信頼につながっていったわけです。

たしかに、知識はないよりもあるほうがいいでしょう。しかしよくないのは、知らないくせに知ったかぶりをすることです。それよりも「知りません」と一言、素直に答えることが、結局は信用につながるのではないでしょうか。

6 〝話の聞き役業〟が繁盛したもっともな理由

ビジネスのメッカともいうべきアメリカでは、日本人には想像もつかない珍しい職業がたくさんあります。古い話になりますが、〝話の聞き役業〟もその一つです。フロリダ州のセント・ピータース・バークに住んでいるある女性は、「あなたの話を聞きます」という新商売を始めたところ、グチや悩みを聞いてもらいたい人が殺到して、思わぬ繁盛を極めたと伝えられています。

いかにもアメリカらしい話ですが、そのビジネスの成功の秘密は、人間なら誰もが持っている欲求をうまく探り当てたところにあると思います。

「自分のグチや悩みやムダ話に嫌な顔ひとつしないで聞いてくれる相手が欲しい」と願っている人は多いはずです。ところが、聞き手の立場にすれば、この手の話ほどうっとうしいものはありません。例えば、ビジネスマンなら赤チョウチンで同僚から「ウチの女房はけしからん」「うちの課長はとんでもないヤツだ」と、ボヤかれた経験をお持ちだと思います。このようなグチは夜の繁華街で渦巻いています。

ところが、このグチや悩みを聞いてくれる相手がいなくなったらどうでしょうか。たちまちストレスがたまり、心身症などに陥ってしまうかもしれません。赤チョウチンでのグチの言い合いは、働きバチといわれる日本のサラリーマンの自衛手段なのです。よく自殺した人の通夜で、「なぜ、一言いってくれなかったのか」と嘆く人がいますが、一言でも言える人間が周囲にいなかったからこそ、自殺という道を選んだのではないでしょうか。

言ってみれば、グチやボヤキは、ストレスを限界以上に蓄積させないための安全弁と言えるでしょう。不安や悩みを胸の中にためておくと、精神的に不安定となり仕事もはかどらない。

人間関係も険悪になってしまいます。それは家庭内でもいえます。夫は妻の、妻は夫の、親は子のグチやボヤキを聞いてやるべきなのです。

文化人類学者の原ひろ子《はらこ》さんによると、アメリカのインディアンは、けんかしたり、怒ったりすることが禁じられている代わりに、互いに冗談を言ったり悪態をつくことが習慣になっているそうです。つまり、冗談や悪態でストレスを発散させているわけで、みごとな生活の知恵と言えるでしょう。

このように考えると、聞き手は、話し手のどのようなグチやボヤキもきちんと聞くことで、大きな信頼を得られるといえるでしょう。とくに素面《しらふ》の時のグチに対しては、「その通りですね」と相手に共感の意を示せば、必ず相手はホンネを漏らすはずです。それによって、彼はモヤモヤを発散できるかもしれないし、スランプ脱出の糸口を発見できるかもしれません。もちろん、聞き役であるあなたとの信頼関係も、ぐっと深くなるでしょう。

7 専門の話は、まず専門外の話を聞いてから

アメリカで〝ビジネスキング〟と称され、セールスマンの間で、神様扱いされているエルマー・

ホイラーという人物がいました。彼の「すご腕」を証明する物語はいくつもありますが、次に紹介するのは、広告取りの話です。ホイラーが、アメリカでも一、二を争う有名百貨店だった、メイ・デパートから新聞広告をとるために、メイ社長と会った時のことです。

メイ・デパートの社長室に招かれ、メイ社長と握手を交わしたホイラーが、開口一番、言ったことは、「あなたはどこで飛行機の操縦を勉強したのですか」でした。そして、彼が社長室を出るまで、2人の会話は飛行機に関することに終始したそうです。これにはメイ社長もすっかりご機嫌になり、次の週末にホイラーを自家用機に乗せてやるとまで言ったというのです。飛行機の話でメイ社長の信用を取り結ぶことに成功した結果、ホイラーは、他社とは比較にならないほど、多くの広告を受注したのです。

もちろん、ホイラーが飛行機の話を持ち出したのは、偶然などではありません。毎日、毎日、ビジネスの話ばかりでウンザリしているメイ社長に広告の話を持ちかけても、適当にあしらわれると考えた彼は、メイ社長の人柄や生活について事前調査をして、趣味が飛行機操縦であることを突きとめ、この話題で社長を話に引き込む作戦をとったのです。

誰しも、一つや二つの特技は持っています。そして人間の心理としては、それを多くの人に自慢したくもなるものです。しかし、自分から気恥ずかしくて言い出せないというのが大方の人の気持ちでしょう。この「自慢話をしたいができない」という心理を攻めると、それまでは難攻不落で、口も開けなかった人でも、まるで無二の親友にでもなったかのように、気さくに話ができることが多いのです。

取材で人に会う機会の多い記者やアナウンサーには、この急所攻めが巧みな人が少なくありません。NHKで以前、大相撲のアナウンスを担当していた北出清五郎《きたでせいごろう》さんもその一人です。他のスポーツの選手と違って力士には口の重い人が多く、なかでもマスコミ泣かせといわれていたのが、時津山《ときつやま》関でした。記者やアナウンサーが取材に行くと、大きな体をゆすって逃げる始末です。それだけに、たった一言のコメントをもらうのも一苦労だったといいます。

その時津山関にも、たった一つウィーク・ポイントがあったのです。それは、ユタカちゃんという愛息です。そのことを心得ていた北出さんは、時津山関にインタビューする時は、必ずその子の話から切り出したというのです。「ユタカちゃんもずいぶん大きくなったでしょう」という具合です。すると無口で通っている関取が、まるで人が変わったかのように話を始めたそうです。

この北出アナウンサーのように、口の重い相手と話をする時は、事前に相手が興味を持っている事柄や大事に思っていることについて調べておき、その話から始めると、案外きっかけがつかめるものです。話し手にとっては、聞き手が、自分の特技や興味を知っているということだけでも、心休まることになるのです。

8 自分の〝得意分野〟が話題になっても、相手に調子を合わせるのが聞き方のコツ

好きなことや、得意なことについて自慢したくなるのが、人間の心理というものです。しかし、自慢したいという気持ちを見抜かれるのは、何となくバツが悪いものです。また「彼は自慢ばかりする」と言われるのも嫌なものです。そこで、本当は声を大にして言いたい自慢話も「大したことないんですよ」と前置きして、謙遜しながら、さりげなく話を始めるのが常です。

したがって、相手に気分よく話をさせるには、この人間心理を逆に活用してみるのも一法でしょう。たとえばある交渉の席で、相手がさりげなく自慢話を始めたら、聞き手は「なるほど」「すごいですね」と、その話に感心したように、相手に調子を合わせるのです。このようにして話し手を得意な気持ちにさせれば、その交渉はスムーズに進むはずです。

会社でも、人に好かれる人の多くは、人の自慢話を聞く技術を心得ています。私の知り合いのサラリーマンも、話し手を乗せるのがうまく、職場の人気者になっています。

たとえば、連休明けの月曜日、上司がまっ黒になって出社したとします。すると、彼はさりげなく「これですね」と、両手でクラブを握るジェスチャーをして、話を切り出します。すると上司は「実は昨日、スコアがよくてね」と、テレながらも得意になって昨日のゴルフの話を

始めます。釣りに出かけた上司がいると、「今なら、大して釣れないでしょう」とか「クロダイなんて、一日に1尾釣れればいい方なんでしょう」などと話しかけます。これは相手の釣果《ちょうか》がおもわしくなくても、気まずい思いをしなくてすむように気配りしているのです。つまり、状況がいかに悪いか、それにもかかわらず1匹でも釣れれば相手がいかに腕がよいのか、ということを暗に言っているわけです。

かくして、彼にかかるとほとんどの人が「いや、それぐらいは……」と謙遜しながらも自慢話を始めることになります。さらに追い打ちをかけるように彼はあいづちを打ちますから、相手はどんどん話を続けます。自慢話を聞く彼の言動は決して嫌味ではなく、そこがまた周囲の人たちに好かれているところなのですが、彼は〝聞く〟ことで、相手との親密さを増しているようです。

さらに彼の聞き方のポイントをあげると、相手の自慢話は聞くが、決して自分の自慢話をしません。この点は自慢話を聞く時に気をつけなければならないことです。たとえば、釣りの話が出たとして、自分も釣りが好きで自信があったとします。そんな時に、話し手の話の合間に、「この間、びっくりするような大物がかかったんですよ」と、自慢したとします。すると相手によっては、たちまち興冷めしてしまって、それ以上、話す気力を失くしてしまう人もいるに違いありません。「コイツは油断できないぞ」とか「若僧のくせに生意気なことを言うヤツだ」

などの反感を買ってしまうことも考えられます。

そうなると、その話し手との人間関係は、多くを望めないようになるでしょう。

相手が話したいと思っている得意分野の話題が出てきたら、自分も同じように自慢したいと思っても相手の調子に合わせて、じっと聞いていることが肝心です。「ボクのほうが上ですよ」などと、張り合ったりすると、その一瞬は勝利感にひたれるかもしれませんが、結局は自分の財産となる人間関係を失う結果にもなりかねません。

9 〝男のロマン〟に耳を傾けるのは、人間のマナー

よく、「男性は大きな子ども」と言われています。私自身も自分の性格や生き方を顧みると、その通りだな、と思います。多くの男性は、その日常生活からは、想像もつかない無邪気な夢や理想を持っているものです。

私の知り合いのある一流企業の部長も、会社では仕事に厳しいことで有名で、部下からは「鬼部長」と恐れられていますが、彼は酒を飲んで酔うときまって、「金を貯めるんだ。そしてブラジルに農場を買って、自然の中で生きるんだ」と叫ぶのです。ブラジル行きは彼の幼いころ

からの長年の夢で、使い古された言葉ですが、彼にとっては〝男のロマン〟といってもいいでしょう。ブラジルの話をする時の彼の表情は、もちろん「鬼部長」の顔ではありません。まるで少年のようにあどけなく、可愛いのです。

ところがある時、彼がいつものように夢を語っていると、後から入ってきた酔客が、その話にちょっかいを入れたのです。「ブラジルがなんだ。そんな遠い国に行きたいなんて、ずいぶん変わった人もいるもんだ」といった調子でした。すると、たちまち部長の表情が険しくなり、ついにはつかみ合いのケンカにまで発展してしまったのです。彼には、自分の夢をからかった人間を許すことができなかったのです。

男の語るロマンは、本人にすれば、他の何物にも代えがたい大切な、いわば〝聖域〟です。仕事で神経をすりへらし、クタクタになっても、この夢を想うと、また、生きる希望が湧いてくるという人も結構いるものです。つまり、人生の励みになっているとも言えるでしょうか、それだけにその聖域であるロマンについて、攻撃されたり、バカにされたりすると、腹立たしい思いになるものなのです。ふだんなら社会性もあり、人づき合いも心得ているその部長がケンカをしたというのも、自分の大事な夢をからかわれたからです。

ところで、最近の子どもはせちがらくなってきて、「将来の夢は何だ」とたずねても、非常に現実的で「いい学校に入っていい会社に入ること」などと、夢のないことを言うようになってきました。本来、子どもというのはもっと、とっぴなことを言うものです。「宇宙飛行士になる」とか「王監督のような野球選手になる」とか、とても実現不可能な、それこそ夢のようなことを口にするのがひと昔前の子どもでした。しかし、そうした子どもらしい夢を語る子どもが、少なくなってきたというのは、現実離れした夢を語る子どもに対して「何をバカなことを言っているんだ。勉強しなさい」と、その夢を頭ごなしに否定する教育者や親が多いからかもしれません。

ひるがえって、サラリーマンの世界を考えてみましょう。たとえば、得意先の社長が、現実的にはとても困難な経営プランを延々と話し始めたとします。実現不可能であっても、その社長にすれば、このプランは他の何物にも代え難い〝男のロマン〟なのです。ところが、聞く者にとっては「また始まった。この人は自分なら出来ると思っているんだろうか、バカバカしい」と、荒唐無稽で耳を傾ける気持ちさえ起こらないでしょう。このようなシーンに出会うことは、サラリーマンにとっては日常的です。

しかし、バカバカしい話だと思っても、そんな場では、相手の話をきちんと聞く習慣をつけておくことが、よき聞き手となるためには必要です。そして、できれば、同じように楽しい雰囲気で話し手のロマンを聞いてあげることです。〝男のロマン〟を聞くのは、人間としてのマナーと言えるかもしれません。

10 何も言わないことが、最上の聞き方になることもある

「鈴木メソッド」というバイオリンの早期教育システムがあります。この教育法にはいくつかの特徴がありますが、なかでも際立っているのは、習いにきた子どもにすぐ楽器を持たせないことです。最初は、ただじっと見学させるだけです。すると、子どもは他のバイオリンを弾いている子どもを見て、次第に自分もやってみたいと思い始めます。その願望がピークに達した時を見はからって、初めてバイオリンを持たせます。バイオリンに対する関心が最も高い時に練習を始めさせるのですから、ほとんどの子どもたちが短期間で驚くほど腕前をあげているといいます。

「聞く」心構えにも、同じことが当てはまることがあるのではないでしょうか。話し手が何か訴えたいことがあるようなのに、うまく言えない様子で焦っている時がありますが、そういう時には、不自然に話を促すよりも黙って待っている方が、相手の話を引き出せることがあります。いうなれば、〝機が熟する〟のを待つというわけです。

なぜ、この方法が効果的なのでしょうか。同じ人から話を聞く時でも、話し相手のその時々の状態によって話の内容はまったく違ってきます。聞き手が強く話を求める時は、それほど面

白い話が聞けないということがよくありますが、話し手がそのことについて、何がなんでも話したいと思っていると、最も面白い話が聞けるのです。

魚や野菜と同じように、会話にも〝旬《しゅん》〟というものがあるとでも言いましょうか。その〝旬〟を待つのも、上手な話の聞き方の一つの方法です。

聞き方とは直接結びつかないかもしれませんが、ある雑誌で料理研究家のバーバラ・寺岡《てらおか》さんがこんなことを言っていました。

彼女は子どもの服装やエチケットについて、いっさい手出しも口出しもしないと言います。たとえば、幼稚園に通っている息子が、セーターを後ろ前に着ていたとします。そういう時、祖母は「みんなの前で恥ずかしい思いをするんだから、直してあげなさいよ」と言うのですが、バーバラさんは一向に意に介さず、そのままにしておくと言います。

すると、不思議なことに幼稚園から帰ってくると、家を出た時は前と後ろが逆になっていたセーターが、きちんと直っているそうです。子どもが友達の服装を見て、自分でセーターが逆になっていることに気づくのです。ある時は、パンツの前と後ろが逆になっていたこともあったそうですが、トイレに行った際にオシッコができないので、次の日からは正しくパンツをはくようになったとも言います。

人からああしろこうしろと言われて間違いを直すよりも、自分で間違っていることに気がついて直す時の方が、2度と同じ誤りを繰り返さなくなるというわけですが、これも服の着方やエチケットが身につく〝旬《しゅん》〟と言えるのではないでしょうか。

徳川家康も「鳴くまで待とうホトトギス」と言っています。無理にせっつくよりも、話し手がその気になるのを待って話を聞く方が、面白い情報を仕入れられることがあります。

11 相手が口ベタである時こそ、徹底して聞き役にまわる

親から見れば、子どもの箸の置き方、使い方まで気になるものですが、なかでも、多くの親たちの悩みのタネになっているのが、子どもの口ベタ、話しベタです。「言葉を覚えたばかりの子どもならともかく、小学生にもなって、まだ、うまく人前で話ができない」と頭を痛めている親をよく見かけます。

友人の教育カウンセラーのところには、「いくら注意しても、ハッキリ話ができないんです」と、口の重い子どもを持つ親が毎日のように押しかけて来ると聞きました。そのような親に対して、そのカウンセラーがアドバイスすることは決まっているそうです。それは「もっとじっくり子どもの話を聞いてやりなさい」ということです。

普通、最初は断片的な言葉しかしゃべれなかった子どもも、大きくなるにつれて会話の機会が増え、少しずつうまくしゃべれるようになっていくものです。ところが、せっかちな親は、もどかしさについつい「もっとハッキリしなさい」と子どもを叱ってしまう。しかし、それがプレッシャーになると、「うまくしゃべらなくては」と子どもは萎縮してしまうことがあります。そうなれば、ますます口が重くなります。口べタには、何より子どもがノビノビと話せる環境を作ってやることが最大の解決策なのです。

子どもに限らず、口べタな人というのは、たいてい、そのことを自分でも自覚していて、一種のコンプレックスを持っているようです。うまく人と話す自信がないので、会話の機会を極力避けるようになったり、その結果、ますます口べタがひどくなるというケースも出てくるのでしょう。

したがって、口べタな人と話をする場合には、じっくりと腰をすえて話を聞く姿勢が必要でしょう。イライラは絶対禁物で、せかしたり、途中で話の腰を折ったりすると、話し手は混乱して、いよいよ舌がまわらなくなるということにもなりかねません。言わんとすることを話してもらうには、辛棒強く聞き役に徹するのが最もよい方法なのです。

もちろん、ただ黙って聞いているだけでは、相手の方でも、自分の話していることが相手にどんな印象を与えているか分からないので、話の先を進めにくくなります。

そこで、相手の話にうなずいたり、「ほう」とあいづちを打って、相手の話に興味を感じていることを態度で示すのです。心理学の専門用語では「受容」といわれる方法ですが、これによって相手の話に流れをつくってやるのです。道筋ができれば、口ベタの人でも自然に言葉が出てくるものです。

12 相手の話を片方の耳で、自分の話はもう片方の耳で聞く

望ましい会話とは、相手の言っている内容がよく理解でき、自分の語りたい話も相手によく伝わる会話のことでしょう。そういった状況が十分なコミュニケーションを成立させているということになります。ところが、相手の話をある程度理解したのはいいけれど、会話が終わった後で、自分が何を話したのか忘れてしまっている時が意外にあるのではないでしょうか。雑談のように、話の内容に責任を持つ必要のない時はいいのですが、ビジネスでの約束事が含まれている話であった場合は、「忘れてしまった」では済まされません。

このような失敗は、新入社員などに多いようです。つまり、緊張のあまり相手の話に呑まれてしまうからなのでしょうが、適当に質問などをして冷静に話を聞いたはずなのに、気がつく

とすっかり自分の発言内容を忘れていることがあるのです。

これでは満足な話し合いをしたことにはなりません。これまで、うまい話し方とは相手の話をよく聞くことだとくり返し述べてきましたが、もう一つ大切なことは、〝自分の話〟もきちんと聞いておく心の用意が必要であるということです。

アメリカの言語学者、ウェンデル・ジョンソンは「人に話をする時は、自分の話していることを批判する〝もう一つの自分の頭脳〟を持て」と言っています。つまり、話をしている自分の頭の中に〝もう一人の自分〟あるいは〝第三者の自分〟を設定して、その〝自分〟にも向けて話をしなさいと助言しているのです。すなわち、会話の時は相手の話だけでなく、自分の発言もよく聞いて、記憶にとどめておくという客観的姿勢を忘れてはならないということです。

私は講演の時に、話を充実させる心構えとして、

①　話をしている自分
②　それを聞いている〝自分〟
③　それを聞いている相手

という3つの状況をよく念頭において聞くべきであり話すべきだ、とつねづね説いていますが、友人の建築設計家もやはり、依頼主である施工主との打ち合わせを行う時にはいつも、この3つの状況を設定していると言います。

家の建築は設計図をもとにして進められます。ところが、素人の依頼人には設計図だけではどのような家になるのか、具体的なイメージは浮かびがたいものです。そこで、その設計士は、「外観は明るい南欧風」「応接間は南向きで、床は板張り」「台所はシステム・キッチンにする」などと、自分のイメージをもう一度自分で確かめるように説明するよう心がけているというのです。そうすると説得力があり、相手も理解が早いというのです。

すなわち、〝聞き上手〟の相手は、なにも前にいる人間だけではないということです。話をしている当人の中にも〝聞き手〟を置くことで、説得力はより増すものなのです。

第2章

耳だけでなく、からだで聞く

1

相手の口を開かせるには、こちらも心から聞く姿勢を見せること

〝聞き上手〟には、二つのタイプがあります。一つは、もちろん本当の聞き上手です。そしてもう一つは〝聞き流し上手〟と私が呼んでいる人です。

本当の聞き上手というのは、この人なら何を話しても気持ちよく聞いてくれる、そして話した内容も、やたらに他人に言ったりしないから安心できる、と信頼されている人たちです。

ところが、聞き流し上手の方は、ただ会話の間《ま》を持たせるために「ウンウン」とうなずいて聞いているふりをしているだけで、結局は頭に何も入っていない〝お義理程度の聞き役〟を果たしているにすぎません。つまり、話の聞き方に対する真剣さの度合いが大きく違っているわけです。

誰でも、人間には、話しやすいタイプとどこか話しにくいタイプがあるものです。話しやすいタイプの人には、ついつい余計なことまで話してしまいます。しかし果たして、話しやすいタイプが信頼のおける人かというと、一概にそうは言えません。こちらの話を何でも聞いてくれそうな話しやすいタイプの人は、こちらが話しやすいぶん、ほかの人に対しては口の軽い人間かもしれないからです。「この人は何でも話を聞いてくれそうだから」と、調子に乗って話

をしていると、後で別の人から自分がしゃべった秘密を聞かされて愕然とすることもあります。このような聞き手は「話しやすいタイプ」であっても、信じることはできません。

私が以前に読んだ『原田日記』という書物は、明治の元老・西園寺公望《さいおんじきんもち》の秘書官だった、原《はら》田熊雄《だくまお》という人の筆になるものです。西園寺公が見聞したわが国の政界上層部の情報の口述筆記で、日記は大正８年から昭和15年（１９１９～40）までの長期に及びます。この人はとても口が固く、忠誠心に溢れていたので、西園寺公から多大なる信頼を寄せられていたといいます。

気軽に物事を他人に話さない西園寺公でさえも、この原田氏に対してだけは、悩みや秘密など何でも打ち明けていたそうです。原田氏が西園寺公に気に入られたのは、話しやすいだけでなく、〝信頼のおける人物〟であったことが大きな要因だと言えるでしょう。これこそ真の「聞き上手」であるといってよいでしょう。

以上のことからも分かるように、話を聞こうとする真剣な態度が相手に伝わって、「この人ならしゃべっても大丈夫」という信頼感を与えることが、聞き上手になる第一条件だと思います。すなわち「聞く」体勢を整えることです。話を聞いている時の視線がやたらソワソワしていたり、足組みや腕組みをしている態度をしていては、相手からは本当に役立つ話は聞けないと思ってもいいでしょう。

2 〝口ほどにものを言う目〟はどこに置く？

会話のマナーとして、相手の顔を見ながら話を聞くというのは、ごく基本的なことです。なかでも、視線は重要なポイントになります。とはいっても、視線をそらさずにぐっと睨みつけられると、威嚇されているような気になって落ち着かなくなります。反対に、視線を外されっぱなしだと、無視されている気になります。「目は口ほどにものを言い」という言葉もあるように、相手に与える印象は視線によって大きく違ってきます。

それだけに相手から話を聞き出したい、と思っている時は、真剣に耳を傾けている証しとして、睨みつけない程度に相手の目を見るのがよいのですが、目を見て話を聞くということは、決して簡単なことではありません。とくに、初対面の相手と視線をまともに合わせてしゃべっている時に、なんとなくバツが悪いような気になった経験はないでしょうか。

なにしろ、人によってはあまりしげしげと目を見られるといい気持ちはしないと言います。動物にたとえるのは失礼かもしれませんが、九州は大分の高崎山のサル園では、「サルの目を見ないで下さい」という注意書きの看板が出ています。これは、サルは目を見られると興奮して暴れ出すからです。赤ちゃんでも目をじっと見ると、泣き出してしまうようなことがあります。さすがに、大人になるとそんなことはありませんが、それでもやはり、真正面から目を見られると、緊張したり、相手に対して警戒心を抱くことがあります。このように目を見て話を聞くというのは、けっこう難しいことなのです。

それでは、目のやり場をどこに置けばよいのでしょうか。この難問に対して、昔から様々な回答が出されています。たとえば、日本古来のマナーを伝える「小笠原流」では、相手の体に一つのゾーンを設定して、その範囲内に視線を置けばよいと教えています。上は両目を結んだ線で、下は腹、左右は両方の肩幅に囲まれた四角いゾーンの中であれば、自然でしかも話に関心を持っているという印象を相手に与えると教えています。

ところが、そのゾーンの中でも、あまり視線のポイントをクルクルと変えると、相手も落ち着かなくなります。視線はやはり一定している方がいいようです。私は、目の下、頬の上の部分が適切だと思っています。なかには、口もとや鼻を視線のポイントにすればよいと言う人もいます。口や鼻というのは顔のチャームポイントですが、それに自信がない人にとっては、あまり見られたくない部分でもあります。その点、目の下は誰しもそれほど気にするところではありません。それだけに安心して視線を置くことができるわけです。

もっとも、そうは言っても、その場の雰囲気や会話の相手によって、「目の影響力」はまた、かなり違ってきます。要は「私はこんなにあなたの話を真剣に聞いていますよ」と自分で自分に思い込ませることです。そうすれば、それが態度にも表われて、誠意や熱意が自然に相手に伝わるはずです。

3 傾聴とは、文字通り身を乗り出して聞くこと

「ボディ・ランゲージ」という言葉が、一時もてはやされたことがあります。顔の表情や身ぶり、姿勢などで、自分の意思を相手に伝達する表現法です。無意識のうちに、自分の感情を体が表現していることがあるものです。たとえば、自分の考え通りに物事が進み、自信に満ちてくると、上体を反り返らせるような姿勢になります。逆に元気がなくなってくると、うなだれて背中を丸めるような姿勢になるものです。

会話においても、話し手は聞き手のボディ・ランゲージを観察して、自分の話に対して聞き手がどのように受け止めているのかを判断しています。それだけに当然のことですが、話を聞こうという場合には、このボディ・ランゲージに対する配慮が欠かせません。

たとえば、ソファに上体をそり返らせるような姿勢でいると、相手は「高慢で生意気なヤツ」という印象を持つでしょうし、背中を丸めて小さくなっていれば、「自信のないヤツ」と判断

されるでしょう。もちろん、話を聞く姿勢としては両方とも好ましくありません。

同じように、腕や足を組むのも、話し手の気分を害する原因になることがよくあります。腕組みは、相手を閉め出して自分を守るという意味のボディ・ランゲージといわれています。会話をしている途中に相手を拒否するようなしぐさをしていたのでは、いい話が聞けるわけがありません。

足を組むのもアメリカの社会ではそれほど問題にはなりませんが、日本ではやはりルール違反です。「話を聞いてやっている」といった偉ぶった印象を相手に与えてしまうからです。では、話を聞くにはどのような姿勢が好ましいのでしょうか。

よく「身を乗り出して話を聞く」という表現があります。相手の話に関心を持つと、思わず身体を話し手の方向に傾けているものです。少しでも聞きもらすまい、と真剣になっている証拠です。ですから、身を前に乗り出す姿勢は、相手に「聞いている」という好印象を与えるポーズとしては最高なのかもしれません。

あるベテランセールスマンの体験によると、写真を撮る場合にシャッターチャンスがあるように、モノを売る場合にもセールス・チャンスというべき瞬間があるそうです。「忙しいから」と取りつくしまもなさそうな客でも、話しているうちに、ほんの一瞬ですが身を乗り出す時があるということです。

この瞬間が最も効果的なセールスチャンスです。時間にするとわずか1/6秒と彼は語っていましたが、この瞬間を逃さずに、ここをチャンスとばかり殺し文句を使ってセールスを成功させるというわけです。

この〝身を乗り出して聞く（傾聴）〟状態こそ、話を聞く場合の基本姿勢といってよいでしょう。この姿勢で聞くと、話し手に熱意が伝わって、話し手も真剣に話さざるを得なくなるのです。セールスがうまくいくのも、セールスマンの傾聴姿勢を見たお客が、セールスマンの言葉に真剣味がこもっている、と受け取るのでしょう。

見方を変えて考えると、姿勢を変化させることで話し手の真剣さやノリ具合を判断することができます。会話は言葉のキャッチボールですから、話し手側も聞き手の反応を確かめようとします。そして聞き手の反応に合わせて話し手の態度も変化してくるのです。

前に述べたように、話に身が入り出すと、話し手も自然と身を乗り出すような姿勢になるわけですが、逆に言えば、話し手が体を反らせて「教えてやる」といった調子で話している状態の時は、まだ話に熱が入っていない証拠ともいえます。その時こそ、聞き手はそういう話し手の態度に反発せずに、身を乗り出して真剣に話を聞いている姿勢を、相手に強調してはどうでしょう。きっと、話し手の姿勢に変化が見られるはずです。

4　相手の声の調子が変わった時は、聞き手の姿勢に問題がある

文学界の異端児として知られていた作家の今東光《こんとうこう》氏は、話し上手としても有名でした。講演会やパーティなどに引っ張りダコだったそうですが、話の内容の面白さに加えて、聞き手を自分のペースに引き込む術に長《た》けておられたそうです。

文壇のパーティなどでも、今氏がスピーチを始めると、それまでざわついていた会場が、とたんに水を打ったように静かになったという話もあるほどです。ところが、ときには今氏が話し始めても、会場のざわめきが収まらないこともあったそうです。そんな場合、今氏はそれまでの穏やかな口調から一変して、大声で「うるせえな！」とべらんめえ調で一喝して、聞き手を自分のペースに乗せていたといわれます。

今氏とはまったく逆な方法ですが、私の知人の大学教授はこんな人を引きつける話術を持っています。彼は講演で話をしている時に、会場が騒がしいと、わざと声を低くするのです。すると聴衆は声が聞こえないので、どうしたのかと静かにして聞こうとするわけです。この2人の例でもお分かりのように、口調を変えることによって、まず聞き手に注意を喚起してから話に引き込んでいくわけです。

このエピソードを聞き手の立場から考えてみると、なかなか意味深いものがあります。今氏も大学教授も聞き手が話を聞こうとしていない状況を察して、「もっと真剣に話を聞け」と注意を促すために口調を変えているのですが、これは、講演会のような一対多数でしかも一方的なコミュニケーションの場だけでなく、一対一での会話にもあてはまります。

会話の途中で突然、話し手の口調や声のトーンが変わってきたとします。それは聞き手の態度を話し手が不満に感じていると見るべきです。「オレがこんなに一生懸命、話をしているのに、お前のその態度は何だ」と無言の抗議をしているのです。ですから、聞き手としては、話し手が口調を変えたら、すぐさま自分の聞く姿勢を点検することです。そして話し手の熱意に応えて、聞き手としても誠意を見せる必要があるでしょう。

私の知っているある大手企業の部長から、こんな話を聞いたことがあります。彼は部下の話を聞く時、わざといろいろな口調やポーズをつくって相手の反応を試してみるそうです。その部長によると、最初は真剣に話をしていた部下も、部長が顔を横に向けたり回転椅子をグルグル回したり、足を組んでだらしのない格好をすると、とたんに口調が変わって、熱意のない話しぶりに変わってしまうそうです。逆に、机から身を乗り出して聞く姿勢になると、相手の言葉にも力がこもるようになるというのです。

つまり、話し手の口調は、聞き手が会話マナーを踏み外した態度に出ると敏感に変化するのでしょう。話し手から実のある話を聞きたいと思うのなら、態度を改めて「話を聞かせてください」という意思表示をするために、「身を乗り出す」傾聴姿勢をとるのが肝要といえます。

5　相手の話が聞きとりにくい時は、言葉を返さず顔を近づける

ＮＨＫの人気アナウンサーであった宮田輝《みやたてる》氏は、話のプロという点を差し引いても、なお際立った会話術の持ち主でした。なかでも絶妙だったのは、現在も続く長寿番組「のど自慢」での年配者とのやりとりです。この番組は素人が参加し、会場が地方であることが多いために、参加者の中には耳の遠い人もいれば、言葉が聞き取りにくくて話の内容がハッキリしないような人も少なからずいました。

ところが、どのような出演者に対しても宮田氏は、何のこだわりも感じさせずに相手にノビノビと話をさせていたのを私は覚えています。普通ならとてもこうはいきません。会話術に長けた宮田氏だからこそ、出演者も自分のリズムで楽しく話すことができたのでしょう。

この宮田氏の会話で特徴的だったのは、相手の話が聞き取りにくいような場合でも、決して尋ね返したりしないことでした。たとえば相手の声が小さくてマイクに届かない時は、一歩相

手に近づいて顔を見つめながら「……ということですね」という具合に相手に確かめながら、さりげなく話を進めていました。

「何とおっしゃいました」といった詰問調で聞き返してしまうと、相手はたじろぎ、何とかうまく説明しようと力んでしまって、ノビノビと話せません。そうなると会話全体がギクシャクして、相手にもいい印象は残らないものです。テレビを見ているだけではなかなか気がつきませんが、さりげない会話の中に宮田氏は心憎いまでの配慮をしていたといえます。

私たちの生活の中でも同じように、話し手の言葉が聞きとりにくいことがよくあります。例えば、地方の得意先の担当者と商談を進めているのに、ところどころ方言が混じって話の内容が100%は理解できないとしましょう。そのような時、いちいち分からない言葉を聞き返したりすると失礼にあたります。さりとて、そのまま放置すれば商売に支障が出てくることも考えられます。そこで、話の合間に「こういうことですね」と、あいづちを打つように確認すればよいのです。

話し手の声が小さくて聞き取れないような場合も同じです。友人でしたら、「おい、もう少し大きな声を出せよ」ですみますが、上司や取引先ともなれば間違っても「聞こえないんですが」とは言えません。

私は、話が聞き取りにくい時は、よく「エッ」と軽く言って、耳を相手の体の方向へ向ける仕草をすることがあります。この動作もたびたびくり返すと失礼になりますが、話を完全に理解する上で効果的な方法ではあります。

もっとはっきりと話してほしいと思ったら、このように身を乗り出す傾聴の姿勢で、自然に顔を相手に近づけることです。顔を近づけるという動作は、話し手に「熱心に聞いてくれている」という印象を与えます。そうなると、話す言葉にも力が入るものです。

また、相手が年配の場合には、話し手自身、耳が遠い人も多いので、確認する時に難しい言葉はなるべく避けて、できるだけ分かりやすい言葉を使う配慮も必要です。そのような聞き手の小さな気くばりによって、ギクシャクした会話がスムーズで内容の濃い会話に変わっていきます。

6　相手の話を聞くのは、〝呼びつける〟より〝出向く〟が原則

会社が成長する条件の一つに、組織の風通しの良さという要素があげられます。伝達パターンが上意下達だけで組織が硬直化している会社では、いくら若手社員が斬新なアイデアを持っていたとしても、その声を経営に生かすことは困難です。人間にたとえて言えば、動脈硬化の

ような状態になってしまうわけです。

逆に、風通しのいい会社では、若手社員の意見がどんどん取り入れられ、組織全体に活気がみなぎってきます。その典型例ともいえる会社の一つにホンダ（元・本田技研工業）があります。一般の会社では上司が部下と話をする時には、必ず部下が呼びつけられて上司の席に出向くことが当たり前になっています。ところがホンダでは、ほかの会社では〝雲の上の存在〟である取締役でさえ、気軽に部下の机に足を運ぶといいます。

部下にしてみれば、いくら風通しのいい会社でも、上司の席や役員室に出向くのは気が張るものです。とくに、ふだんは足を運ぶことのない役員室などに入ってしまうと、とても言いたいことが１００％言える雰囲気ではありません。

しかし、重役であっても、本人の方で部下の席に出向いてくれれば状況はまったく変わってきます。「同じ立場で、気楽に話し合おうじゃないか」という上司の気持ちが部下にも伝わって、リラックスした気分で自由に意見を交換できます。ホンダが斬新なアイディアを出し続けられるのも、こうした組織の柔軟さによるところが大きな要因なのかもしれません。

ともあれ、話を聞く立場にある者が会社や家庭などに出向くという行為には、相手の口を滑らかにする効果があります。「出向く」という行為は、相手に対する謙虚さを表現しているだけに、相手の方には必ず「わざわざ来てもらって申し訳ない」という負い目にも似た意識が働くものです。その結果、その誠意に対するせめてもの報いにと、話し手も熱を込めて話をしてくれるわけです。

ですから、相手に自分の「場」に来てもらった場合はどうなるでしょうか。相手がわざわざ時間や労力を費やさなければならないことの他に、「呼びつけられた」という不快感が働くのです。これでは話し手が気分よく話をするわけがありません。

おまけに気のおけない自分の「場」ではなく、相手のテリトリーで話すことになるので、緊張も伴います。話し手の心理状態としては最悪と言っていいでしょう。それは、健康保険や税金で通知を受け、役所に出かけた時は、「一方的に呼びつけやがって」と、ちょっと腹立たしい気分になるのと同じだといえるでしょう。

実際、ケーラーやコフカなどドイツのゲシュタルト心理学派の学者たちは、「人間の行動は、個性と環境の関数である」と主張しています。つまり、相手から話を聞く場合には、会場の環境（場）をどこに求めるか、ということも非常に重要なポイントになるということです。

とくに、相手からホンネを聞き出したいと思っているのならば、相手の会社や家庭、行きつけの喫茶店や飲み屋など、相手のテリトリーに自ら足を運んでいって、会話の「場」を効果的に活用することを心がけたいものです。

7 話を聞く相手とバランスのとれた服装をするのが、聞き方のオシャレ

テレビ番組『徹子の部屋』で、黒柳徹子《くろやなぎてつこ》さんの巧みに相手の話を引き出すインタビューぶりは、あとでも触れますが、それ以上に驚かされるのが彼女のオシャレ感覚です。毎回ゲストの雰囲気にピッタリとマッチしたファッションを披露して、そのバランスの良さが番組を一層楽しくしているともいえます。

あれほど見事に相手に合わせたオシャレができる陰には、彼女なりの努力があるようです。テレビ界に詳しい知人に、その秘密を聞いたことがあります。まず番組に出演するゲストに、スタッフが前もって当日の服装を尋ねておきます。それをもとに、そのゲストの個性と服装にマッチしたファッションを黒柳さん自身が決定していくということです。

このエピソードには、番組を視覚面でも楽しいものにしようというプロ意識とともに、その場の雰囲気をゲストの感覚に合わせることによって、ゲストをリラックスさせ、その上でのびのびと自由に話をしてもらおう、といういかにも女性らしい、細やかな聞き手としての配慮が感じられます。

最近の若い人たちは大変おしゃれになりましたが、一般的に服装のことにはT・P・O（時・

場所・場合）をあまり考えない、まだ無頓着な人もいるようです。そして黒柳さんのように「会話にとって服装は大切な要素である」と考えているサラリーマンは、年齢に関係なくまだ少数派です。「服装なんて、どうでもいいじゃないか」と思っている人が少なくありません。ところが、実際にはビジネスの世界においても、聞き手の服装が、話し相手の心理に微妙な変化を及ぼすことがあります。

たとえば、人間関係のトラブルに悩んでいる人が、相談を持ちかけてきたとします。その人の服装が地味でいかにも暗い印象を与えるものだったら、聞き手の気分はどうでしょうか。そうでなくても、うっとうしい相談を持ちかけられて、気が滅入っているのに、そのような暗い雰囲気を見せられると、ますます気が重くなって、話を聞く気がなかなか起こらないものです。相手から悩みを解決するヒントを聞き出そうとするならば、相手が憂鬱になるような服装は避けた方がいいでしょう。

もっとも、いかにもファッション好きという印象を与える華美な服装も考えものです。話を聞かせてもらう技術はドラマでいえは、あくまでも脇役に過ぎません。主役は話をする相手なのですから、服装で相手の度肝を抜いたり圧倒してしまうと、相手が愉快になれないのは言うまでもありません。あくまでも話を聞くという立場を考えた服装を忘れたくないものです。

要は、相手の個性や話の内容、話を聞く場所に応じた服装を心がけることです。そうした基本をわきまえたうえで、その服装の範囲の中で自分の個性をさりげなくアピールすることを考えればよいでしょう。

8 初対面の相手こそ、「耳」で聞くのではなく「目」で聞く

「初対面の人に会う時は、自分の身なりに注意せよ」とよく言われます。初めての出会いでは、相手に対する認識は白紙の状態なので、どうしても服装などの外見で「この人はどんな人間か」と値踏みをしがちなものです。第一印象はやはり外観から入ってきます。

長い付き合いといったことを考えた時、この第一印象はきわめて重要な意味を持っています。〝一目惚れ〟という言葉もあるくらいで、例えば、話を聞く以前の段階の「好き、嫌い」といった感情的な判断は、第一印象である程度、決まってしまうからです。初対面での身なりにこだわるのもそのためです。

ところが反対に、初対面であろうとなかろうと、服装のことなどまったく無頓着という人がいるのも事実です。なかには、いたずら心もあって（?）相手の反応を試そうと、わざとむさ苦しい格好をして、会いに来る人もいます。

そのいい例がホンダの総帥の本田宗一郎《ほんだそういちろう》氏でした。氏には服装に関するこんなエピソードがあります。氏が社長を務めていた頃のことです。ある日、会社に客が訪ねてきました。客が工場内を進んでいくと、そこには初老の従業員風の男がオートバイ（バイク）をいじっていました。周囲に人もいないので、客はその男に「社長さんはいらっしゃいますか」と尋ねたそうです。

するとその男は、「さぁ、あちこちよく出かけて行くからなぁ、あの人は」と答えながら、社長室を教えてくれました。客の方は、従業員だからと軽く見たのでしょう。礼も言わずにその場を立ち去って、応接室で主が出てくるのを待っていました。すると、数分後に先ほどの従業員風の男が「本田です」と名乗って、応接室に入って来たということです。

これはちょっと極端な例かもしれませんが、人間にはいろいろなタイプがいます。服装や風采など、外見的にうだつが上がらないように見えるからといって、そのことだけで相手を判断すると、思わぬ失敗を招くことになりかねません。例えば、相手がせっかくこれから重要な話をしようとしているのに、第一印象で「たいした奴ではないだろう」と判断し、いいかげんな受け答えをしたために、肝心の話を聞きそびれることもあります。

このように、外観の印象だけで相手の値打ちを判断することは極力避けたいものです。しかし、自らはやはり相手にいい印象を与えるために、服装はきちんとしておいた方が賢明です。

すなわち、自らは他人からの第一印象を良くすることを心がけ、相手に対しては、服装や風采で先入観を持たずに、気持ちを白紙の状態にして話を聞く、といった自己に厳しく他人に寛容な精神で臨むことです。

第3章

あいづち一つで、人の心も打てる

1 「話せない」も「話したい」も、あいづち次第

相手の話を聞く時に欠かすことのできない行為に、「あいづち」があります。話の合間に、「そうですね」とか「すごいですね」などのあいづちは、たいていの人が無意識に打っているはずですが、これによって話し手の話にはずみがついたり、単調な話の展開に変化が出てきたりします。聞き手が、いくら相手の話を真剣に聞いているとしても、適切なあいづちがなければ、話している方は何か話す意欲をそがれるような気分になるのです。

つまり、あいづちとは話し手の話を滑らかに進展させるための、潤滑油的な役割を持っていると言えるでしょう。

例えば、カラオケで歌っている時に、いかにも気分よく、しかもうまく歌っているように思えるのは伴奏があるからです。会話にも伴奏と同じようなことが言えます。話し手が歌う人で、聞き手は伴奏です。つまり、伴奏者である聞き手は、適切なあいづちで話し手を気分よく歌わせてやればよいのです。

国会で一部の議員のヤジがあまりにも下品で、審議の妨げになっているという指摘がよくあります。ヤジもあいづちの一つなのかもしれませんが、これは、相手の話す意欲をそぐのが目

的で、本来のあいづちの役割は、話し手がスムーズに話を進められるような気分にさせるものだと思うのです。

話をするということは、話し手の意思や意図している事柄を聞き手に正確に伝えなければ、その目的を達したとはいえません。しかし、どの話し手もいつでも、上手に適切な話し方をするとは限りません。時にはしどろもどろになって、何を言っているのか不明な時もあります。そのような時に、十分な話ができるように間合いをとっていく配慮が、聞き手には必要になってきます。それが、会話の中にある「あいづち」という行為なのです。いい話をするということは、話し手だけの問題ではなくて、いかにいい話をしたくなる気分にさせるかという聞き手の姿勢が重要だと言えます。

思わず話したくなるような気分に相手を引きずり込むのがうまいタレント、司会者はたくさんいますが、なかでも私が聞き上手だと思ったのは、老若男女を問わず人気のある、俳優で画家でもある片岡鶴太郎《かたおかつるたろう》さんです。片岡さんは相手の話に笑っている時でも、しっかり相手の目を見ながら「ウンウン」とあいづちを打っています。そして、そのあいづちの後に「それで？」と、その後のことについてさりげなく尋ねます。そのタイミングが自然なことから、ついついしゃべらされている話し相手も少なくありません。もちろん、彼の個性を気に入ってしゃべっている人もなかにはいるでしょうが、あいづちは、彼のように相手の話の流れに自然に添った打ち方がベストといえます。

しかし、日常生活でただ単に返事をしていればいいだろうと、適当にうなずいていると、相手もその様子を察して、話す気も薄れてきます。あいづちのない会話は、相手にとって、厚い壁やおとなしい猫の相手をしているようなものです。すでにご経験済みのことと思いますが、留守番電話がそのいい例でしょう。

たしかに留守でもとりあえず用件だけは伝えられるのですから、便利な機器には違いありませんが、その反面、「どうも、反応のないレコーダーにしゃべるのは苦手だ」とか、「声が聞きたかったのに、レコーダーの声では機械的すぎる」といった声もよく聞かれます。やはり人間は、相手が何も答えてくれないと、いくらこちらの用件を一方的にしゃべっても不安があるということでしょう。

コミュニケーションは、話し手と聞き手の双方でつくりあげていくものです。したがって、話し手が一方的にしゃべっただけで、あるいは聞き手がただ黙って聞いているだけでは、コミュニケーションが成立したとは言えません。相手を話しやすい気分にさせるのは、お互いの意思が通じ合っているという安心感です。その安心感は、聞き手のあいづちという反応から生まれてくると言ってもよいでしょう。

2 あいづちは、オーバー気味でちょうどいい

前出のテレビの人気番組『徹子の部屋』を見ていて気づくことは、司会者の黒柳徹子さんがとても上手な聞き手であるということです。もちろん、黒柳さんは話題も豊富で能弁なタレントですが、それ以上に相手をリラックスさせ、話を滑らかに引き出すテクニックにすぐれています。その最たるものが彼女のあいづちのうまさです。

彼女がゲストの話を受けて、「まあ、そんなご苦労があったんですの⁉」「そんなにおっちょこちょいの一面がおありになるなんて！」――などとオーバーともいえるあいづちを打つと、やや話がぎこちなかった相手でも、目を輝かせるようにしゃべり出すのにお気づきの人も多いでしょう。彼女は、時にはハンカチで目頭を押さえるように、時にはあの独特ともいえる笑い声で、身ぶりや手ぶりで感動を表現し、話し手をグングン引っ張っているようにも思えます。こうなると、相手の喜怒哀楽に合わせた彼女の反応、つまりあいづちも、それほどオーバーに思えないから不思議です。

彼女はあのようなトーク番組を受け持つ、いわゆる〝プロ〟だから、と思われる人もいるでしょうが、日常、私たちが会話している時をちょっと思い浮かべてみてください。昨日、こん

な楽しいことがあった、面白い人に出会った――と得意そうに話している時に、相手が期待以上に喜んでくれたり、驚いてくれるのを見ると、少々オーバーだなとは思っても、誰でもいい気分になってもっと話を続けたくなります。

つまり、話を聞く側には、相手の話をもっと詳しく聞きたい、その後がどうなったかもっと知りたい――といった「面白がる精神」が必要だということでしょうか。そうした気持ちが自然に相手に伝わって、話し手に「この人にならもっと話を聞かせてやりたい」という気を起こさせるのでしょう。

ただし、言うまでもないことですが、つまらない話にまでいちいちオーバーに驚いていては不自然です。あくまでも話の内容に応じた反応を心がけたいものです。

黒柳さんのように聞き上手と評されている人は、一様にあいづちの打ち方がうまい人を指していることが多いようです。「ああそうですか」「なるほど」などと、丁寧なあいづちで相手の話を引き出していく話術は、さまざまな人づき合いの上で欠かせないものです。

例えばビジネスマンなら、訪問した会社の部長がことのほか口下手で、話がなかなか本題のビジネスにたどり着かない、といった経験をお持ちの方も少なくないはずです。このような時ほど話を急がせてはいけません。じっくりと相手の話のペースに合わせる気遣いが大切です。

一般に口下手な人ほど、相手の聞く態度や心の動きに敏感なようです。それは自分の話のまずさにコンプレックスを持っているからかもしれません。ですから、話のペースをまだつかみかねている相手ほど「おっしゃることは、よく分かります」「私も同感です」と言葉を発するとともに、時にはオーバーにジェスチュアも交じえて話し手に共感してみせた方が、会話がよりスムーズに運ぶことになります。

人間の表情には、そこに心が表れていると考えるのが普通です。それだけに、時には話し手に対しオーバーな表現が必要な場合があります。こうした聞き手側の演出は、話題を自分へ有利に運ぶために必要なテクニックとも考えていいでしょう。

上手な聞き方、あるいは聞き上手は、機械的に受け答えの言葉遣いがうまいことを示すものではありません。素直な心で相手の話、あるいは気持ちを上手に受けとめる姿勢をいうのです。

ペラペラと立て板に水といった巧みな反応は、かえって相手を不愉快にさせることがあります。いかに演出が必要だといっても、相手を尊重する心は忘れたくないものです。

3　「おもしろい」「分からない」という反応が、相手の次の言葉を引き出す

ある地方大都市のスーパーマーケットの店長が、次のような話をしてくれたことがあります。

若い社員の教育のために、経営コンサルタントを招いて講演会を開いた時のことです。量販店のあり方について相当に内容のある話だったので、店長はいい勉強をしたと思ったそうです。ところが、あとで参加者の若い世代たちに感想を聞いてみると、難しくてよく分からなかったとか、講演を聞くなど固い雰囲気で肩が凝ってしまったという意見が大部分だったというのです。さらに後日、講師のほうからも、社員の反応がないのでとても話しにくかったという電話があったのです。

聞き手が講師の話を理解できなかったなら、はっきりと「難しくて分かりません」と反応を示すことが必要でしょう。そうすれば、講師のほうも理解を得られるように、やさしい話し方をするものです。講演会などの場合、分からないという反応を示すことは、講師に対して失礼ではありません。むしろ、話し手に話の水準の置きどころを明確にさせ、さらに興味のある話へと発展させるきっかけとなるかもしれません。

もちろん、講演を聞く場合だけでなく、一対一の会話でも同じことです。どんな人でも、他人に話をしている時は、〝聞かせどころ〟ということを意識するものです。〝聞かせどころ〟とは話の山場《やまば》（クライマックス）です。とっておきの話、話の核心といった部分を熱心にしゃべり終えた時に、聞き手から何の反応も得られないのでは、誰でも話した意味がなかったとがっかりするものです。

話す意欲がなくなるだけではありません。「へぇー、話はその後どうなったの」「今の話、もう少しやさしく例えれば、どういうことになりますか」——などと、おもしろい話には「おもしろい」、難しい話なら「分からない」という反応がなければ、話し手はその先に何をどうしゃべっていけばいいのか、という話の指針を失うことにもなります。

「おもしろい」という聞き手の反応があってこそ、「じゃあ、こんな話もあった」と、もう一つ別の話題が生まれ、「分からない」という反応があれば、「ではこう言い換えれば分かってもらえるだろう」と、話のレベルを聞き手に合わせることになります。このように話し手と聞き手が反応し合うことが、お互いの心の距離をしだいに縮めていき、何でも話し合える、聞き合える状況をつくっていくのです。

コミュニケーションは一対一であろうと、相手が複数であろうと、話し手と聞き手がお互いの反応を確かめ合いながら進められるのが通常です。しかし、聞き手の反応が大切だからといって、あまりに大げさな反応をすると、かえって話し手をシラケさせる場合があります。また、その内容も極端なお世辞であったり、無遠慮なものは好ましくありません。素直な心で話に耳を傾け、素直な反応であることが望ましいのです。

うまいあいづちで、話し手が本当は話すつもりでなかったことまで気分よく話し出すようになれば、本当の聞き上手と言えるでしょう。

4 誰にでもワンパターンのあいづちでは通用しない

通勤電車の中で女子中学生や女子高生の話を聞いてお気づきの人も多いでしょうが、彼女たちは、言葉の品の方はともかく、驚くほど〝あいづち上手〟だということです。

「ねえねえ、きのうの帰りの電車で○○先輩にばったり会っちゃってえー」「ウッソー」「こんどディズニーランド行こうって誘われちゃったのー」「ホントー?」「ねえ、どーする?」「信じられなーい」——と、こちらがあきれるほど話が延々とよどみなく続いていきます。

もちろん彼女たちは、会話におけるあいづちなど意識したことはないでしょうが、流行語にまでなったこの「ウッソー」「ホントー」は、まぎれもないあいづちです。この二つのあいづちさえ使えれば、ひょっとすると実年の方でも女子中学生との会話が可能かもしれませんが、立派な紳士が「ウッソー」「ホント」を連発したら周囲からどんな目で見られるかは、お分かりでしょう。

例えば会社の中でも、上司と部下との会話で、課長「きのう部長のお供でゴルフに行ったんだけどね」、部下「ウッソー」、課長「帰りは車が渋滞してさんざんな目にあったよ」、部下「ホントー」——では、社会人として常識を疑われることは言うまでもありません。あいづちがいくら大切だと言っても、やはり相手や自分の地位や年齢を常に考えることが大事です。

日本語には敬語という難しいけれども大切な言葉づかいがありますが、相手が会社の部長なら会社内の上下関係を意識して、相手が年上なら年齢差を考えたあいづちを打つことです。誰に対しても「ほう」「なるほど」のあいづちで、人づき合いが通用するわけではありません。

たとえば、上司に対して「うん」とか「ああ」などという言葉が、失礼なことは言うまでもないでしょう。短い言葉であっても「はい」「そうですね」などと、きちんとした敬語で受け答えることが最低限のマナーです。

しかし「はい」というあいづちが適当だからといって、「はい、はい」と2度も続けては、相手を小馬鹿にしたような印象を与えてしまいます。反対に「すごいですね」とか「それはたいしたものですね」などの過剰なほめ言葉によるあいづちも、時によっては何となくおべっかを使っているようで、相手にイヤミにとられることがあるので注意した方がいいでしょう。

このように、あいづちも時と場合によって使い分けを間違えると、かえって会話を気まずいものにすることがあります。それだけに、聞き上手になるためには、あいづちのT・P・O（時・場所・場合）を知っておく必要があります。

上司の話を無表情でうなずきながら聞く人も近ごろ目立つようです。

動作や表情によるあいづちが重要であることは前にも触れましたが、聞き手の無表情は、話し手にとっては聞き手の反応をつかめずに、困惑させられるばかりです。

かけ引きとしての話し合いの場での無表情は、相手に気を悟られないための武器となりますが、会話を実りのあるものにしたい時には、無表情は会話の妨げとなるだけです。

また、声を出さずに首を横に振ったり、手真似をするようなあいづちは、目上の人や上司や取引先との会話では、やめるべきです。

表情などによるあいづちも、声を出すあいづちと同じように、相手の年齢や地位に応じて使い分ければ相手の評価も違ってきます。

5 あいづちと料理のスパイスの共通点

あいづちは、料理におけるスパイスの役割を果たすとも私は思っています。例えば、「どうして?」「本当ですか?」「そうかな?」「そうはいっても」「そういえばそうだが」などのあいづちは、決して相手をとがめるために使うのではなく、あくまでも話の内容を深めるために利用する性質のものです。

とはいっても、あまり頻繁にあいづちを打つと、胡椒《こしょう》のききすぎたスープのように苦々しいものです。逆に30分の話に「ええ、そうですか」が1回だけでは、味気のない会話となってしまうでしょう。おいしい料理のように適量・適質のあいづちというスパイスが、会話を楽しくさせるのです。

しかし、「話し手が気持ちよく話ができる」ためのあいづちというのは、なかなか簡単にできるものでないことは事実でしょう。あいづちは、ただ打てばいいという問題ではありません。よく話の内容も考えずに、やたらと「ごもっとも」とほめられたり「なるほど」を連発されると、まるで小馬鹿にされた気分になるものです。

あいづちを打つというのは、相手の話を聞いているという姿勢の表明であり、同時にあいづちによって話を弾ませたり、自分の聞きたい話を相手から引き出す誘引法です。ですから、軽い感動を交じえながらあいづちを打つと、相手も話に乗ってくるのです。

したがって、話の進展に合わせて、あいづちも変化をつけていくことが大切になってきます。相手が悲しい話をしている時は、悲しそうなあいづちを、相手が楽しい話をしている時は、聞き手もいかにも愉快である、といった調子であいづちを打つ――こうした当意即妙のあいづちが相手の話にはずみをつけることになります。当意即妙のあいづちとは、相手の話を意識して、あいづちに変化を持たせることといってもよいでしょう。したがって、時には相手の言葉に対して切り込んだり疑問をはさんだり、誘導するようなあいづちでもいいのです。

6 表情によるあいづちも、無言の意思表示になる

私たちの日常会話は言うまでもなく、言葉を使って意思を伝え合うものです。時には大きな声で怒鳴ることもあるでしょうし、ある場合には小さな声で囁くこともあります。しかし、意思を伝えるものは言葉だけではありません。文字もあれば絵もあります。コミュニケーションの方法は数限りないのです。

ご存知のように、ボディ・ランゲージといわれる身体全体で意思を伝える方法もあります。「目は口ほどにものを言い」という格言もあるように、顔の表情や、身ぶり、手ぶりも言葉以上に意思を表現するものなのです。

この身体による表現は何も相手に話す時ばかりではなく、聞く時にも効果があります。視線の動き、顔の表情、そして身ぶり手ぶりで「あなたの話をこんなに聞いています」という姿勢も強調できます。言葉をまったく使わなくても、目の動きや表情の変化だけの〝無言のあいづち〟は、時には大変な効力を発揮するのです。

「無言のあいづち」が、どんなに効果的か、私がよく社員研修に伺う会社の中堅社員から聞いた話を紹介しましょう。

彼はある日の午後に開かれた部長をまじえた会議の席で、部長がそのとき発表している意見の中に、部長の仕事に影響するかもしれない間違いがあることに気づきました。どうやら古い資料を参考にしたために起こったミスのようでした。明らかな間違いですから、もちろんその場で部長に具申するのも一法です。

しかし、彼はそんな方法をとらずに、話をしている部長の目を見ながら、そっと首をかしげてみせたのです。つまり、「どうも部長の言っていることはおかしいですよ」と、〝無言の具申〟をしたわけです。部長はそれに気づいて、自分の発言を点検し始め、話の流れをうまく変えながら前の意見を訂正していったそうです。

これは、組織で生きるビジネスマンのごく当たり前の配慮なのかもしれません。しかし、このような「表情だけの反応」は、私たちの日常生活の至るところで使えるはずです。

たとえば、相手の意見に真っ向から反対だったとします。その場で「それは違う」と言ってしまえば、まとまる話もまとまらないでしょう。しかし、ちょっと眉をしかめたり、首をかしげたり、口を引き締めるだけでも、反対の意思表示は十分できます。口に出せばカドが立つことでも、表情であいづちを打つだけで、「柔らかな拒絶」を表明できるわけです。

これは、相手の話に共感する場合も同じです。いちいち口に出して、「それはすごい」「いやあ、すばらしい」と言うよりも、目を輝かせたり、驚いたように口を開けるだけでも、十分感動は表現できるでしょう。口に出せば、おおげさになるあいづちも、表情のあいづちでは、ソフトで自然に意思を伝えられるのです。このように表情によるあいづちも、聞く技術の一つとして、時には会話を活発にし、コミュニケーションを円滑にするものになります。

営業成績がトップクラスのセールスマンの中には、商品知識や言葉づかいの研究とともに、表情を豊かに聞く方法も熱心に訓練している人が多いといいます。そのために毎日、鏡の前に立ち、好感を持たれる豊かな表情づくりを練習しているとか……。

どんなに人をねぎらう優しい言葉を並べ立てて相手の話を賛美したとしても、聞く態度が尊大であったり、冷ややかな目をしていては、相手の話す気持ちは薄らいでいきます。

一般に表情による表現は、

①顔面表情
②音声表情
③姿勢表情

の3つがあります。これは話す時も聞く時も共通しています。にこやかな顔の表情で聞けば相手は警戒心を解いて本心を語ってくれるでしょうし、また相手の意見に共感する時も小さな声でボソボソと「そうですね」というより、大きな声で表現して共感を示すことの方が効果的です。

日本人は欧米人に比べて話し方が下手だといわれますが、それは聞く時の表情に欠けていることもあるのではないでしょうか。上手な話し方とは、適切な言葉づかいもさることながら、身体全体による表現が鮮やかなことです。これは聞き方にも共通しています。身体全体で話を聞くような姿勢を示せば、たとえ言葉で賛美しなくても、話し相手には十分に心は通じるものです。

7　うわさ話のあいづちは、ほどほどに

世間話をしている時に、必ずといっていいほど登場してくるのが、他人のうわさ話です。うわさ話というのは、たとえ事実ではないとうすうす分かっていても、ついつい耳を傾けてしまうのですから、人間の心理とは不思議なものです。

ところが、うわさの標的になっている人たちにしてみれば、それが事実であろうとなかろうと、この上もなく迷惑なことは言うまでもありません。「ただのうわさ」とはいってもいろいろな尾ヒレがついて、人から人へ伝わっていく間に、ことさら真実味を帯びていく場合もあります。それによって心が傷つくだけにとどまらず、人生をフイにする人も出てきます。それだ

けに、他人のうわさ話には近づきたくない、というのも当然のことかもしれません。

ただ、そうはいってもうわさ話のタネはいつも私たちの周囲にあって、無関係でいることはなかなか難しいものです。また、うわさ話の場も一つのコミュニケーションの場であって、それに加わることをまったく拒絶すると、「あいつは変人だ」「人づき合いが悪い」と、それこそうわさのタネにもされかねません。

うわさは妙な社会的機能も持っています。ですから、会社の中で、来春の人事異動のうわさが出れば、適当に耳を傾けることも社交上の知恵の一つでしょう。また、取引先の会社社長の女性関係が相当なものだというわさに、それなりの反応を示すのも、人づき合いの範囲に入るのかもしれません。

ある食品メーカーの営業マンから次のような話を聞いたことがあります。彼が、取引先のスーパーへ、新商品の説明に出かけた時のことです。店長との商談はうまく進み、売り場をとくに拡張してくれることも決まったそうです。退席しようとした時に店長が、ライバルの食品会社のうわさ話を切り出したのです。

「あそこは設備投資に金をかけすぎて、収益が落ちているそうですね。社長にも心臓の持病があると聞きましたよ。危ない会社からは、あまり品物を入れたくないのですよ。私どもの棚から突然商品が消えるというのは、お客様サービスにはなりませんのでね。その点、お宅は安定していられるからね」といった内容です。

その店長は、あくまでもうわさ話に過ぎないが、と前置きをしたそうですが、自社にとって有利に展開しそうな話だけに、彼は思わず身を乗り出しそうになったと言います。しかし、すぐに思いとどまって、「それは大変なことですね」と軽く受け流し、急用を理由に早々にそのスーパーを出たということです。

私は、彼からこの話を聞いて、最も賢明な方法をとったものだ、と感心しました。というのも、主婦の〝井戸端会議〟ならいざ知らず、相手が得意先の場合は、うわさ話への対応は本当に難しいからです。「私はうわさ話は嫌いです」と言っては相手を非難しているようですし、「そのお話は誰からお聞きになったのですか」などと、相手を問い詰めるわけにもいきません。急に話題を変えて、話の腰を折るのも不自然です。

最良の方法は、この営業マンのように軽く受けて逃げることとです。それができない時は、相手が気を悪くしない程度に軽くあいづちを打つのです。もし、ここで売り込んでやろうと調子を合わせ、「ええ、そうですね」とか「そ、そうなんですとも！」などと強くあいづちを打つと、今度は自分が悪いうわさ話の主人公にもなりかねません。「あそこの営業マンは、ひどいね。ひとの不幸を平気で喜ぶんだからね。どんな社員教育をしてるんだろう」と、思いもかけない方向に発展してしまう恐れすらあります。

また、話し手によっては、うわさ話をわざと持ち出して、聞き手の人物評価をするケースもあります。ですから、うわさ話には用心をして、ほどほどのあいづちを打つ配慮が必要になってきます。

8 一人で面白がるより、「その話は人にも聞かせたい」と言う方が効果大

聞き上手とは、相手に、「話の内容が聞く者にとって価値があるものである」と感じさせることです。つまり、聞き手の態度や言葉によって「自分の話が彼に合っているのだな」と話し手が思い込めば、聞き手としては大成功であるわけです。適度にあいづちを打ち、話の流れを巧みに導くことが大切です。聞き手は話し手の心理を読みとり、会話を思うように展開させる演出者といってもいいでしょう。

講演や講義などの話し方は、話し手の考えを一方的に述べる話し方です。話の内容がつまらなかったり、納得できないことがあっても、聞き手は講義が終わるまで疑問を差しはさむ余地はありません。

したがって、講演や講義は話し手の構想が完結するまで一方的に続けられます。どんなに面

白い話であっても、その場で立ち上がって感想を述べることはできません。その場合の反応は、笑いであったり、拍手であったり、時にはすすり泣きでもあるでしょう。しかし、これはあくまでも、聴衆の一人としての反応です。

ところが、一対一の場合なら、その場で相手に意思を伝えることができます。たとえば上司がある雑談の中で「私は学生時代はこれでも読書家でね、トルストイの小説なんかよく読んだものさ。今の人には、ちっとも人気がないようだが、惜しいと思う。アンナ・カレーニナぐらいは、ぜひ読んでほしいね。人生の勉強になるんだがね」と言ったとします。

上司が得意になって教えを垂れようとしているのです。このような時に、聞き手が「そうなんですか」とうなずくだけではまったく効果はありません。そればかりか上司の自分に対する評価は低くなるでしょう。こうした時は、「そうですか、さっそく帰りにトルストイを買って、息子にも読ませたいと思います。スポーツばかりやっていて、ぜんぜん本は読まないので、いいお話を聞きました」

こんな受け答えは部長をいい気分にさせるものです。さらに、「部長のおっしゃった、その小説はアンナ・カレーニナでしたね」と、ポケットから手帳を取り出してメモすれば一層効果的です。言葉を書き留めるという行為による反応も、話し手に自分の話は価値があると思わせるインパクトがあります。

あいづちは、言葉や表情による表現だけではなくて、こうした具体的な行為も含まれることもあるのです。

つまり、相手がいま話してくれた内容がいかに価値のあるものだったかを「その話は自分一人で聞くのは惜しい。ほかの人にもぜひ……」という姿勢で示すわけです。一対一で話すことの多い日常の会話では、時にはこのような姿勢が聞き手には必要となってくるでしょう。

基本は相手を尊重して話を聞くという姿勢です。あいづちも、こうした人間関係の中から生まれます。相手を尊重して、話を良い方向へ導く方法は、「なるほど」といった単純なあいづちだけでは到底できません。相手に対し、どのように話した後の満足感を与えることができるかは、このように聞き手の共感度が大いに関わってくるのです。

9 たとえ電話でも、あいづち一つで相手の話がスムーズになる

人と向かい合って話をする時と電話での対話では、明らかに聞き手としての心配りで違った点があります。お互いの表情を敏感に読みながら話をしている時は、たとえ失礼な言葉を吐いたとしても、表情でごまかすことができます。会話がにこやかな雰囲気で進んでいる時は、そ

れほど言葉づかいは問題にならないものです。

ところが、電話で話をする時は、事情がガラリと変わってしまいます。何気なく言った言葉が相手を怒らせたり、誤解を生むもとになったりします。例えば「そんなバカな」と電話口で言ったとします。いくらそれを笑顔で言ったとしても、相手には言葉しか伝わりません。そのために「バカとはなんだ」といった、とんでもない怒りを買ってしまったりするものです。それは、相手の表情が読み取れないからです。

会社の仕事が忙しいさなかに、得意先から電話が入ることはビジネスマンであれば日常的です。多忙な時ほど、差し迫った用件ではないのに、相手はダラダラととりとめもなく話を続けるものです。早く切りあげたいと思うのですが、得意先ですからそうもいきません。次第にイライラしてきます。受け答えも、初めは「はい」と言っていたものが「ああ」になり、そしてついには「うん……うん」になってしまうことがあります。

ところが、相手はこちらの事情をまったく知らないわけです。「うん、うん」といった受け答えに気がつくと、「なんだ失礼なヤツ」という受け取り方をされてしまいます。ですから多忙な時は、相手の用件が終わったら、失礼のないように自分の方から話を切り上げるのがコツです。

電話は言葉だけのコミュニケーションです。ですから、間延びしないあいづちが必要となってきます。黙っている時間が多くては、相手は話が通じているのかいないのか不信感を持ちかねません。相手の話の区切りのいいところで、「なるほどそうですね」「はい」といったあいづちが話を進めていくのです。

あいづちの話とは少しはずれますが、顔は見えなくとも、声にも表情があるということは忘れたくないものです。投げやりな気持ちで「はい」と答えると、言葉だけは丁寧なつもりでも、相手には声の調子で投げやりな態度が伝わります。

電話の応対で何よりも肝心なのは、「あなたの話は、きちんと聞いております」という感じを伝えることです。この点で私たちが学ぶべき人は、私の印象に残っている限りではコメディアンの坂上《さかがみ》二郎《じろう》さんです。彼は礼儀正しさで有名な人でしたが、電話を受け取る時でも、ちゃんと正座したり直立不動になって応対し、電話が終わると、電話の向こうの相手に向かって「ありがとうございます」とキチンとお辞儀をしたそうです。

見えない相手にお辞儀をする。これは、なかなかできないことです。片手に受話器を持ち、もう一方の手でパソコンのキーを打っている人をよく見かけますが、いくら忙しいといっても、見えないようでそうした気配は敏感に伝わるものです。ましてや、タバコをくわえていたり、お茶をすすりながら電話の応対をすれば、たちまち相手に知られることになります。見えない相手との対話にこそ、細心の注意を払うべきでしょう。

第4章

聞く気くばり、話させる気くばり

1　相手の立場になって聞いてこそ、相手もこちらを受け入れてくれる

人との会話は運動会の二人三脚によく似たところがあります。二人三脚では、いくら自分だけが速く走ろうとしても、相手が合わせてくれなければ、速く走るどころかテンポが合わずに転んでしまうのがオチです。会話でも、相手の歩調に合わせて話を聞いてこそ、相手も初めてこちらの話を受け入れてくれるものです。

「聞き上手」といわれる人には、相手の喜怒哀楽に自分をうまく合わせられる人が多いようです。喜怒哀楽を合わせるということは、相手が悲しんでいる時には共に悲しみ、嬉しい時には共に喜ぶというように、相手の感情に自分の感情を合わせることです。しかし、感情まで相手に合わせることは、自分の個性を殺すことになる、と言う人もいます。

昔、東京・浅草の吉原に来る遊び客をヨイショする幇間《ほうかん》、つまり「たいこもち」をしている人の話を聞く機会がありました。彼は当然商売柄、いつもお客の喜怒哀楽に自分の感情を合わせていたわけですが、彼が「私には、自分の個性を殺すことのできるもう一つの個性がありま す」と言い切っていたのが記憶に残っています。もちろん、彼の場合は商売ですから、相手の立場や感情を考えるという点では極端な例ですが……。私たちも人の話を聞く時には、一生懸

命聞いているつもりでも、相手の感情にまで気を回すことは意外に忘れがちなものです。

例えば、周りにいる人を見渡してみて、秘密を打ち明けたり、何でも話せる人が何人いるでしょうか。その人たちはもちろんあなたと仲がいいだけではなく、あなたの悩みや困っていることに対して、親身になって慰めたり、うなずいたり、時には叱咤を浴びせたりしてくれる人ではないでしょうか。そのようにあなたの立場を考えてくれるからこそ、あなたも安心していろいろなことを話せるのです。

ですから、相手に自分のことを認めてもらいたい時は、自分がまず相手のことを認めることが必要です。もう少し相手の身になっていれば、うまくいく話も多いのです。自分の気持ちが相手に伝わるかどうか、相手がどれだけ自分を受け入れてくれるか——ということは、こうした聞き手の努力にかかっているのです。

2　「信じる者」が、よき聞き手

第1章3で述べた松下幸之助氏が初めて電灯の二股ソケット（当時、画期的な発明として大きな話題を呼んだ）をつくった時の逸話《エピソード》です。当時、販売においては全くの素人《しろうと》であった松下氏は、自分でつくったソケットをいくらで売ったらいいのか分からず、納品する問屋さんに直接値段をつけてもらうことにしたそうです。

「相場を知らないので値段を決められない」と正直に話すと、問屋さんの方は熱心にソロバンをはじいて原価から売り値を割り出して、買い取ってくれました。その問屋さんも「こいつは新米だから安く買い叩いてやろう」と思えばできたのでしょうが、そんな素振りも見せず、「品物は決して悪くないから、この値段で買うのが正しい」と言ってくれたということです。

松下氏はこうした問屋さんの態度に大変感激し、「渡る世間に鬼はない」ということを身にしみて感じたそうです。ところが世間には、逆に鬼のような人間もいます。そうした悪人に騙されたりすると、「人を見たらドロボウと思え」式の考え方に陥りやすいものです。

しかし、こうした人間不信は自分にとっても周囲の人にとってもマイナスである、というのが松下氏の基本的な考え方です。そして「渡る世間に鬼はない」ということを信じ、自分の心を開いて素直に話せば、相手も必ず誠意を持って受けとめてくれる――と教えてくれた問屋さんに、いたく感謝していたそうです。この「人を信用する」という人生訓が、松下氏の事業を日本一にまで大きく発展させたといってもいいでしょう。

こういった姿勢は、相手の話を聞く時にも大切なことです。例えば、相手が熱っぽい口調で自分の体験談などを語っている時に、「本当ですかねえ」とか、「まさか、そんな……」などと疑いの眼差しを向けたり、かなりの脚色が施されているに違いないと勝手に判断したり、適当にうなずきながらほとんど話を聞いていない人がいます。不信を表に出すような聞き手の態度は、当然のことながら話し手の意欲をしぼませていくものです。その結果、相手は「どうせ自分の話などまともに聞いてくれないだろう」と、途中で話を切り上げてしまったりすることにもなりかねません。

人間は、自分を信じてくれない相手に、ホンネは語らないものです。適当にお茶を濁すようなことだけを言って、本心をオブラートに包み隠して話を終わらせようとしますから、結果的に聞ける話も聞けないことになります。ですから話を聞きたいと思うのなら、まず相手の話を素直に信じようという気持ちを持つことです。熱心に話をしている相手の気持ちを汲んで、相手を全面的に受け入れる心を持つことです。こちらがそうして誠意を持って接すれば、相手も必ず心の扉を開き、本当の自分の姿をさらけ出して語ってくれるに違いありません。

3　横文字・専門用語は、使う前に要点検

2年ほど前、私がある会社の応接室で役員を待っていた時のことです。かたわらに置いてあっ

たカタログ雑誌を開いてびっくりしました。ファッションのページだったと思いますが、「力強くエレガントなカッティング、エキサイティングなプロポーション、そしてダイナミックなストラクチャーをガイドラインとしてデザインした……」という調子のカタカナがページを埋め尽くしていたのです。

一度読んだのですが、さっぱり意味がつかめません。首をかしげながら、スーツの写真と照らし合わせ、何度も繰り返し読んでいるうちに、おぼろげながらそのスーツの良さを強調したいという製作者の意図は分かってきましたが、肝心のスーツの良さは分かりません。これでは一体、何のための広告なのかと呆れたものです。

こうしたファッション雑誌に限らず、このごろは横文字を羅列してさっぱり意味の分からない話し方をする〝新人類〟が増えてきたようです。横文字の多用で自分の知性を誇示しようと思っているのかもしれません。

これには、旧人類に属する私などは閉口してしまいます。なにしろ相手が何を言いたいのかが分からないし、確かめるのも気恥ずかしくてそれもできず、結局、腹立たしさだけが残ることになります。とくに質問を受ける時に横文字を多用されると、もうどうして答えていいのか分からなくなる時があります。

以前、図書館に行った時、初老の紳士がカウンターに座っている若い男性司書に、図書の有無を尋ねている場面に出合ったことがあります。その紳士は美術関係の本を探しているようでしたが、タイトルが思い出せないらしく、借りたい本の内容をニコニコしながら説明していました。ところが、それを聞いていたカウンターの司書が、「ああ、あのオリエンタルスピリットがデフォルメされている本ですね」と一言発したとたん、その紳士は今までの微笑はどこへやら、ぶ然とした表情で黙り込んでしまったのです。

相手が一生懸命に話している時に、意味不明の横文字や難解な専門用語を乱用した言葉を浴びせたりすれば、誰でもいっぺんに話そうとする気勢をそがれてしまいます。これは相手が年配の人に限ったことではありません。気持ちよく話し続けてもらうためには、まず問いかける前に、いま自分が使おうとしている言葉を相手が知っているかどうか、理解できるだろうか、という相手の立場に立った聞き手の配慮が必要です。

また、反対に相手がやたらと横文字を連発して困るといった場合には、わざと日本語でその横文字を説明したり、聞き返したり、あるいはストレートに「いや、私は横文字に弱いもので」と言うことです。意外と外国語コンプレックスから横文字信仰に走っている人もいますから、聞き手がまず、そういう態度に出れば「実は私も弱いんですよ」と相手が安心して、気楽に話し始めるということにもなります。

4 相手の言葉の間違いは、サラリとその場は聞き流す

以前、私が友人と喫茶店で話をしている時に、こんな体験をしたことがあります。ひょんなことからガスの話になったのですが、友人はプロパンガスのことをしきりに「チョロパン、チョロパン」と連発するのです。私は聞いていて思わず吹き出しそうになったのですが、話の腰を折るのもいけないと思い、適当に話を合わせて、その日は別れました。

その相手から後日、手紙がきました。彼は家に帰ってからプロパンをチョロパンと言っていたことに気づいたそうです。「実は息子が回らぬ舌でプロパンをチョロパンと言っているので、小生もいつの間にか口ぐせになってしまっていたらしい。もしあの時、キミが吹き出して小生の妙な表現を指摘していたら、小生もきまり悪くなって話がしらけていたのではないかと思う」と文面でしきりに恐縮しているのです。

世の中には言葉の勘違いはよくあることです。「私がこの会のハッキニンでして……」とか、「イジョウダカになっても……」「どうも私は言葉が重くて……」などと間違った言葉を知らずに使っている人がいます。しかし、話の途中で「ほっきにん（発起人）でしょう?」「いたけだか（居丈高）ではないですか?」「口が重くて……ですね」などと、いちいち鬼の首をとっ

たように指摘していては、会話は弾まなくなるし、いっぺんに気詰まりなムードになってしまうでしょう。

聞き手から細かい言葉のミスや錯覚を指摘されれば、話し手もプライドを傷つけられて、しなくてもいい不愉快な思いをすることになります。たとえ言い方は間違っていても、その言葉の意味が十分に分かることなら、こういう場面は知らん顔をしてすべて聞き流すのが心くばりというものです。

戸板康二《といたやすじ》氏の『耳ぶくろ』というエッセイの中に、こんな話が載っています。――芝の下宿にいた時、大きな犬張り子を買い、それを木箱の上に乗せておいたら、それを見た隣の部屋の大学生が「ネコですか」といったので、「犬ですよ」と答えた。赤面して彼は去り、しばらくしたら、わざわざやって来て、「おれ間違えたのが口惜しくて」と涙ぐんでいた。きっと、ぼくが猪口才《ちょこざい》（注・差し出がましいことの意）な口の利き方をしたのだろうと、四十年経って反省したりしている――。

このように、相手の言質《げんち》（のちの証拠となる言葉）を訂正する行為は、相手がよほど善意を持ってくれないと、傷つけてしまうものです。ですから相手にその言葉が間違っていることを伝えたい場合には、酒の席などくだけたムードの時を利用して、それとなく注意をするといいでしょう。そういった時なら、相手も恥ずかしい思いをせずにすむはずです。

5 話の盛り上がりは〝仕込み〟で決まる

俳人として知られる角川春樹《かどかわはるき》氏は、対談する時は、話し相手の情報をかなり集めてからその席に臨むようです。以前、句誌『河』の俳人の森澄雄《もりすみお》氏と角川春樹氏の対談を読んだ時、角川さんの聞き手としてのすぐれた才能がよく感じられました。

対談場所は湖北（琵琶湖の北）にある紅鮎荘という旅館です。ここをよく訪れるという森氏に、角川氏が巧みに質問を向けました。その冒頭にこんなやりとりがあります。

角川　ここへは岡井省二さんとよく来られるようですね。

森　はい。去年来た時「部屋ぬちも澄みていちにち湖の宿」「湖の晴きのふにつづき秋桜」という句も作ったけれど、玄関を出ると右手のところにヘクソカズラの実がなっていてね……。

角川　じゃあ十月ごろですか。

森　そうですね。それで、「山行のほめたるへくそかづらの実」という句ができました。

角川　こんど出された句集『四遠』に入っている句ですね。その句のすぐ前に「かれら言へりき」と前書きして「われら三人旅の風船かづらかな」という句があって、あれも拝見して面白かったですね。

森　その句もここですよ。

角川　ああ、そうですか。「われらみたり」というのは誰か、先生と一緒に来られたんですね。

森　岡井君と、もう一人来たんです。その時に遊んだ句。

こうして延々と対談は続くわけですが、角川氏の相手に関する事前の情報収集量の豊富さに、私は少なからず驚かされました。森氏の交友関係のみならず、直近に出した句集に収められている俳句の順序まで知りつくしているのです。これほどの誠意を見せられれば、森氏も気持ちよく話に入れるし、自然と会談の内容も深まるというものです。

このように人に会って話を聞く前には、相手がどんな人物でどんな経歴の持ち主なのかなどを調べておくと、会話がスムーズに運ぶことが多いのです。相手に関しての情報がまったくなくては話も弾まないし、つまらない質問をしてかえって場をしらけさせたり、相手を不愉快にさせてしまうことになります。

たとえビジネスで初めて取引先の責任者に会う時には、相手の会社での地位や出身校、郷里などは知っておいた方がいいようです。そして相手の得意分野に話が及んだならば、「そちらの方面には、かなりお詳しいと承っておりますが……」と言葉を添えると、相手は気をよくして、商談の成立が早まることにもつながります。

私はいろいろな研修会や講演会などに講師として招かれますが、車で駅まで迎えに来てくれる講演先の方の中には、こうした〝事前の仕込み〟のうまい人がいて感心させられることがあります。

車で目的地に向かうまでのわずかな時間を利用して、私の最近の著書に関してのエピソードや仕事のことなどを、世間話をしながら巧みに聞き出します。そして、講演会で私を紹介する時に「坂川先生は最近、このような本をお書きになられましたが、ご執筆にあたっては大変なご苦労もおありになったそうで……」とマクラを振ってくれるのです。こういった先方の気配りは、話そうという意欲を増進させてくれるものです。

近頃の雑誌や新聞のインタビュアーの中には、こうした聞き方の基本さえ忘れて相手の経歴も調べずに取材に来る人がいますが、ちょっと残念なことです。私も取材される場合、電話口で「失礼ですがサカガワヤマさんですか……」とか、「ちょっとお名前の読み方が分からないんですが、そちらにイタカワさんという人はいらっしゃいますか」と言われることが時折あります。よりよい情報を聞き出したいというのならば、その前に差し水となる情報を事前に仕入れておくことです。

6　時には情報の〝ギブ・アンド・テイク〟も必要

以前、私の知り合いに取引先から「歩く電光板」と言われている営業マンがいました。とにかく彼は、いついかなる時も、情報の収集に余念がありません。上着のポケットには携帯ラジオをしのばせ、常にＮＨＫや他の放送局のラジオに耳を傾けているのです（今ならスマホでしょうか）。それに朝はどんなに忙しくとも、三大紙と経済新聞には必ずサッと目を通しているそうです。

そのうえ彼は交友関係が広く、自分が携わっている仕事の分野ばかりでなく、多方面にたくさんの友人を持っているので、他社の情報をもいち早くキャッチしています。新聞や週刊誌からでは、決して得られない社内の派閥の様子や人事などについても、ひそかに情報を流してもらっているようで、いろいろな会社の裏情報にも精通しています。

こうして地道に集めた情報を、彼は取引先の人と会った時などにさり気なく話すそうです。生《なま》のニュースをいつでも受けとめる体制をとっているわけですから、時には電車の中や路上で、誰よりも早く他国で起きた爆弾テロだとかハイジャックなどの衝撃的なニュースをつかまえることもあります。もしその会社が自社製品を輸出しているならば、これは相手方にとってもビッグニュースになるわけです。

ライバル社の事情なども、もちろん相手にとっては貴重な情報です。だから彼は取引先の人との商談に入る前にまず、「もうご存知かと思いますが、先日○○社の営業部長が亡くなられたそうですよ」とか「あのやり手と評判の○○さんが左遷されそうだという話です」とかの、ライバル社の人事に関する情報などを提供するそうです。すると、その後の商談もスムーズに運ぶし、相手も心を開いてホンネで話してくれるようになったと言います。

このように、相手の本心を引き出そうと思ったら、先に相手が喜びそうな、初めて聞くに違いない情報をこちらから提供することです。つまり、聞くというだけの受け身の姿勢でいるのではなく、情報のギブ・アンド・テイクをするわけです。そうすれば相手も「こいつと話をするとトクだ」と思ってホンネを聞かせてくれたり、反対にこちらにとって有益なネタを流してくれることがあるかもしれません。

7 相手の話は、たとえ質問の途中でもさえぎらないのが原則

評論家で司会の名手でもあった草柳大蔵《くさやなぎだいぞう》氏は、著書『礼儀と作法』の中で、言葉づかいと

礼儀の関係の大切さを説いています。たとえば、年配者の話にはほとんどムダなことはないものだから、謙虚な心できちんと受けとめて聞くのがよいなど、つまり、目上の人が話を始めたら、たとえ言い足りなかったとしても質問を中断して静かに聞くということでしょう。

私は仙台放送のテレビ番組『新サンデートーク』に何回かゲストとして呼ばれ、その草柳氏と対談したことがありました。草柳氏がレギュラー司会者で４００回を超える長寿番組です。ある時、草柳氏は私にある質問をしてきたのですが、その質問を最後まで言わせずに、うっかり私は「それはですね、こういうことなのです」と話し出してしまったのです。しかし、それに対して、氏は嫌な顔もせずその質問を中断して、聞き役に徹してくれたのでした。

そのタイミングがいかにも巧みで、終了後にさすがは草柳氏だけのことはあると私は感心したものでした。話し手を立て、話し手が話しやすいように質問をぶつけながら話題を盛り上げる草柳氏の話術は、まさに「聞き上手」の見本でもありました。「いい話は、聞き手のマナーと愛情によって導かれる」とも言えるわけです。

言うまでもなく、会話はお互いの意見を適度に交換しながら進められるものです。相手の話に耳を傾け、理解を示してから、今度はこちら側が意見を述べたりします。こうした基本を忘れると、相手の質問はそっちのけで、お互いに好き勝手を語るということになりかねません。そうなると結局は人間関係を損ねたり、まとまる話もまとまらなくなる危険があります。

ところが、私たちは話に熱中すると、ついこの基本を忘れがちになるものです。悪意はまったくないのですが、相手の話よりも先に自分の意見を述べたくなったりします。例えば相手が質問をしている途中であるのに、その話を先取りし、「ええ、だから私もそのようにしようと言っているのです」などと言ってしまいます。反論する場合でも「いえいえ、私の計画では今年中に結論を出したいのです」と、相手の話の腰を折って、自分の意見を述べてしまいます。

しかし、このような話し方が、相手に不快感を与えていることは言うまでもありません。自分の意見は、相手の言葉が終わってから述べるのがルールなのです。それまでじっくりと耳をすましているものです。相手を尊重するという姿勢を崩してはいけません。聞く時の礼儀は話術を助ける大きな要素なのです。

とくに目上の人や、恩恵を受けている得意先などと話をする時には、こうしたマナーが必要になります。たとえば、質問をしている途中で、相手が「うん、その点についてはね」と回答を言い出したとします。この時は直ちに質問を中止して相手の意見を聞くのがマナーでしょう。それは、少しでも早くこちらの疑問を解いてあげようという好意の表れで、決して、質問者の出鼻を挫くために話を切り出してきたのではありません。要するに、相手の言葉のはしばしから、相手の意思を好意的に読み取ることが大切だと言えるでしょう。

第5章

もっと深く聞ける話の〝交通整理術〟

1 受け身ではなく、整理しながら聞くこと

話とは通常、ICレコーダーなどに取っている場合を除けば、言うまでもなく、一度しゃべると消えてしまうものです。話す側にとっては、自分の頭の中にピンときたものを言葉に出して言っているのでしょうが、聞いている方としては、相手の頭のサイクルに合わせるのでは少々時間がかかってしまいます。

それに時間がかかっても、相手のサイクルに合わせられればいいのですが、職業・学歴・人生観などがかなり違うなどという時は、それも無理な話になります。

そこで、相手の言っていることが分からなくなったら、話の切れ間を使って、すかさずもう一度聞き直すとか、その場その場で解決していくのが、会話を続けていく上で大切になってきます。「こんなくだらない質問をしたらバカにされるんじゃないか」と、変な遠慮が先に立って、ついつい肝心なことを聞きそびれてしまう人は、結果的に相手を不愉快にさせることにもなります。それよりも、分からないことは分からないと正直に述べて、納得のいくまで教えてもらう方が、最終的に賢い方法です。

厄介なのが、自分の勘ちがいによる勝手な思い込みです。ひとこと確かめておけば後のトラ

ブルも防げたのに、というケースが世の中には多いのです。だから不明な点を問いただすのと同時に、相手の話の要点をまとめながら聞き直すことが重要になってきます。

いつも聞き役、つまり受け身でいては相手のペースに巻き込まれるだけです。相手の話を全部理解している時は静かにうなずいているのもいいかもしれませんが、時には、話を取捨選択することも必要になってきます。

というのは、相手はもう既に分かっているものだと思い込んで話を省略してくることもありますし、逆に不用なこと、とくに自分の功績や友人関係の自慢話などを、つけ足して話してくることもあり得るからです。そのうえ話が突然飛んでしまったり、ずいぶん前に話していたことに逆戻りをすることも十分考えられますから、やはり受動的な聞き方ばかりでなく、能動的な聞き方をする方が望ましいわけです。

話を聞いていたのはいいけれど、聞き終わってみると話の要点は何だったのかよく分からないままだったということは誰にでもあるのではないでしょうか。

そういったことがあると、せっかくの会話の意味が半減してしまいます。人間は無意識のうちに、話を自分の都合のいいように解釈して話す場合がありますから、すべてを真実と思わないで、自分なりに本筋を見つけることが大切です。

2 マイナス情報にこそ耳を傾けた〝財界のドン〟

私たちは毎日、あらゆる種類の情報を多量に入手することが可能な生活を送っています。ところが多くの場合、自分の生活にプラスをもたらす情報には好感を持って接しますが、自分を中傷したり、敵対視するような情報には、あまり耳を傾けない傾向にあるものです。そうなると、マイナス材料の情報は少なくなります。

なぜならば、人間というのは無意識のうちに自分の利益になるもの、ならないものを選別し、整理する習慣があるからでしょう。悪意、非難などは、当人の耳に入れまいとする世間の常識が働いていることもあります。逆に良い情報はどんどん耳に入ってきます。話す方も、話しやすいからです。ですから、自分に対する世間の評価が、こんなにいいのだと安心していると、思わぬ落とし穴に落ち込むことがあります。ほめる言葉には、本当は毒があるのかもしれません。

このように情報の性質を考えますと、耳に入りにくいマイナス情報にこそ、本当の評価が含まれている場合があります。卓越した指導者や経営者といわれる人物は、意識的に、自分を批判する情報や不利となる情報を集めて、それこそ真剣にその情報を検討し、反省の材料にして伸びていったと言われています。すなわち「毒舌家こそ真の友人」という精神です。

「財界のドン」として以前、財界に君臨していた永野重雄《ながのしげお》日商会頭は、若い頃からマイナス情報の入手にこそ力を注いでいたと言います。永野氏は富士製鉄（現・新日鉄住金）の初代社長に49歳の若さで就任しますが、その時すでに自分に対するマイナス情報の収集に着手していたと伝えられています。鋭い洞察力です。

しかし、永野氏が偉大な人物だったのは、非難をする人の名を一切、知ろうとしなかったということです。感情を混じえず、マイナス情報を純粋に検討するという真剣な姿勢がうかがえるエピソードではないでしょうか。「禍いを転じて福となす」という故事の知恵を、永野氏は十分に生かしていたのです。

私は後年に永野氏にお目にかかったことがあります。ある商工会議所で、その会議所に所属する各企業の講演会の講師を私が務め、次の講師が永野氏でした。永野氏は当時さほど名もない私に対して、初めに「あなたのお名前は、かねがね伺っておりました」と切り出したのです。続いて「私もコミュニケーションについては苦手でしてね」。謙遜し、そして最後に「あなたのお話は、ぜひうちの社員に聞かせてやりたいものです」と結んだのです。

実に巧みな話し方だと、私は感心しました。初めに私という講師を立て、次いで教えてほしいという姿勢を示し、最後は講師の私に満足感を与えてくださったのです。こうした話の組み立ては、「聞き上手」の条件をすべて備えています。想像していた以上に優れた人だったという思い出が現在もあります。今、考えれば永野氏は「話し上手、聞き上手」であったからこそ、あえて自分へのマイナス情報に聞き耳を立てたのでしょう。聞き上手な人ほど、人間の心理をよく見定めているものですね。

3 〝おうむ返し〟だけでも、話を整理しながら誠意も表わせる

有名な電機メーカーの人事課長をしている人から、新入社員の採用試験の裏話を聞いたことがあります。採用担当者にとって楽しみの一つは面接試験だそうです。なにしろ、面接は受験者にとって会社側に自分を売り込む最大のチャンスですから、なかには歌を歌ったり手品をしたり、それこそさまざまなアピール行為が見られるそうです。

彼の採用秘話の中で私が興味を持ったのは、面接担当者が受験者のどのような言葉に好感を持つか、という点でした。評判のいい返答の一例は次のような内容です。「今ご質問いただきました大学のクラブ活動についてですが……」というように、担当者の質問内容をきちんと繰り返して確認したうえで、その後に自分の意見をつけ加える返答法です。

この相手の語ったことを繰り返す聞き方は、一般に「反復法」と呼ばれているものです。受

験者がこの反復法を行うことは、受験者の真剣さを示すための表現法として面接担当者に好印象を持たれるそうです。つまり、相手の質問を繰り返すことによって、その質問に正確に応じようとする誠実さが伝わってくるのだ、というのが長年面接試験を担当してきたその人事課長の感想でした。

心理学者として著名な多湖輝《たごあきら》氏が著書『自己表現術』の中で、反復法の効果について次のように述べています。「相手の言ったことに対して、〝あなたの言いたいことはこれこれこういうことなのですね〟と口に出して復唱したやり方です。こうすることによって、相手の抱いている不安を打ち消すことができますし、さらに、相手の言ったことの要点を手際よくまとめて言うことで、有能さを印象づけることにもなります」。すなわち反復法は、話し手の不安を解消する方法である、ということです。

逆のことも言えます。電話のあいづちが相手に安心感を与えるのに重要なことは前に述べましたが、顔を見合わせて話をしていても、相手の反応がまったく返ってこなかったり、返答がどうもあやふやだったりすると、「こちらの話がつまらないから聞き手が反応しないのか」とか「何か別のことを考えているから生返事しかしてくれないのか」と、話し手としては気になるものです。話をしている時は、誰でも相手の反応を求めるものです。うなずいたり、あいづちを打ったりする反応があるからこそ、会話が進んでいくのです。

ところで、聞き手自身はきちんと聞いているつもりであっても、相手から「分かりますか」といったように反応を求められることがあります。こうした時に、それまでの相手の話を繰り返して述べると、話し手に「やっぱり、ちゃんと聞いてくれているんだな」という好印象を与えることができるのです。このように、反復法は話し手に安心感を与える聞き方と言ってもいいでしょう。

ところで、反復法にもいくつかのコツがあります。相手の言ったことと同じことを繰り返すのですから、相手の話が長い場合は、要点のみをまとめて反復するといった方法を取らないと、時にはイヤ味になったり、しつこく聞こえたりすることもあります。その場の雰囲気に応じて、あるいは話す相手によって、反復の方法を変えた方がいいのは言うまでもありません。

また反復法は、聞き手にとっても大きなメリットがあります。それは分かりにくい質問をきちんと確認できるからです。ただ「分かりません」とそっけなく答えるよりも、「お話しされた内容は、こういうことでしょうか？」と話の内容を確認しながら質問すれば、相手に対してもカドが立たなくてすむでしょう。

もちろん相手が言った事柄をその場では納得したつもりで聞き流してしまうと、後になって「何だったかよく思い出せない」ということにならないとも限りません。そうした失敗をしないためにも、自分の頭の中で相手の言ったことをしっかりと整理しながら復唱していくことが、聞き手に求められる姿勢と言っていいでしょう。

4　人の話は事実半分、主観半分と思って聞く

倒産したある中小企業の社長は、ワンマンで知られた人でした。若い頃から苦労を重ねて財を成した努力家ですが、それだけに他人にも大変厳しい人でした。彼は、部下の報告に対して、いつも手厳しく批判するのが常だったそうです。しかし、これをたびたび繰り返しているうちに、部下たちは社長に叱られるのを嫌って事実をあいまいにしたり、社長のご機嫌の良くなるような良い報告しかしない、という風潮が生まれてしまったのです。

このようなことはワンマン経営の会社でよく見られることです。ワンマン社長の逆鱗《げきりん》に触れることを恐れて、部下が都合の良い報告しかしない。そのために悪い報告が少しも社長に集まらず、気がついた時は会社が経営の危機に瀕していた、ということです。これはこの社長の聞き方が、報告の中の「事実」と「主観（自分一人の考え）」をちゃんと区別できなかった結果といえるでしょう。

「話し半分」という言葉があります。人の話は事実半分、主観半分と思って聞けばいい、と

いうことでしょうか。例えば上司に何らかの報告をする時は、誰でも良い評価を得たいと思うあまり、事実のほかに自分の主観をプラスすることが少なくないものです。逆にその報告が他人の評価を高めることにつながるものであったら、わざわざマイナス面を強調することもよくあることです。

一方、熾烈な売り込み合戦の続いているＯＡ機器メーカーや自動車メーカーの営業マンが、リース契約件数や販売台数に見込みを含めて報告することは日常的なことです。それは誰でも、上司にほめられたい、同僚に良いところを見せたい、他人より実績を上げて評価されたい、という気持ちを持っているからこそ起こることなのです。

このような人間の心理を考えると、聞く立場にある人は、仕事レベルの話をする時は相手の話の中にその人の類推が含まれていないかどうかを、常に確かめるくらいの気持ちが必要でしょう。もし、相手の話が純粋に具体的事実に基づいたものなのか、類推の混じったものなのかの判断がつかない場合は、「実際にご覧になったのですか?」と、根拠になっている具体的な証拠を尋ねてもいいでしょう。つまり、よく言う「論より証拠」ではなくて、「論には証拠」という気持ちが大切です。

友人同士のたわいない世間話ならいざしらず、それが重要な事業報告だったりする時は、話の内容を裏付ける何らかの物的証拠や、れっきとした根拠を相手に求めながら聞く態度が必要となってきます。

また、聞く前に先入観を持たないことです。上司が部下の報告を聞く時に、よくこういったケースが見られます。「どうせアイツの言うことだから」といった調子で部下の話を最後まで聞かないうちに、結論を自分の頭の中で出してしまう人がいますが、これもまた事実を誤って認識することにつながります。

これは、刑事や新聞記者を例にとっても、同じようなことが言えます。彼らは、事件が起きると必ず「現場を踏め」の原則に従って、事件のあった現場に出かけ、自分の目で状況を確かめます。ところが、先に現場に足を運んだ部下や同僚の話を聞いてから現場へ行くと、ヘタな先入観を持ってしまい、結果的には人伝えの〝事実〟を事実と見誤ることもあり得るというのです。

「聞く」ことにかけてはプロである彼らにおいてさえ、人伝えに〝事実〟を聞くと誤ることがあるというのです。まして、組織の中で分業化した仕事をしている人にとっては事実誤認の危険性は絶えずあります。

そういったことを防ぐために、話し手の言い分や報告書の内容について判断を下す時は、どこまでが事実で、どこからが主観が混じっているのかをきちんと整理して聞くことが、正確な内容をつかむ上で大切なことだと言えるでしょう。

5 聞き違いを防止する、言葉の〝置き換え〟法

かなり以前のことですが、一橋大学の教授の一人から聞いた愉快な話があります。ある日、幾人かの教授陣が集まった時のことです。その中の一人が、次のような提案をしました。「うちの大学にもキョウサイ会を作ろうじゃないか」。この提案には三者三様の反応があったのです。というのは、このキョウサイ会を、ある人は橋才会（つまり、一橋大の才能が集まった会）と受け止めたし、また別の人は共済会と理解し、もう一人は恐妻会と合点した人もいたというのです。このように口頭だけの伝達には、往々にしてとんでもない勘ちがいが起こるものです。

日本語には、読み方は同じでも、意味のまったく違う同音異義語がかなりあります。たとえば同期と動機、富豪と符号など、いちいち数えあげたらキリがありません。そのために、実際の会話などで、同音異義語による間違いがよく起こります。また、同音異義語とは違いますが、〝1時〟と〝7時〟、〝病院〟と〝美容院〟といった似たような言葉もたくさんあります。これも、聞き間違いの原因となっています。

ちょっとした語句の聞き違い程度なら、それほど大問題が起きることも多くはないでしょうが、ビジネスの世界では、電話の話を自己流に解釈してしまうと、許されないミスにつながる

ことにもなります。たとえば、相手に商品の納入を催促する電話で、まわりくどい長話の最後に、「よろしくお願いします」と日常よく使われる言葉を使ったとしても、それが、遅れを認めてくれという意味なのか、納入期日に間に合わせるよう努力するということなのか、確認する必要があります。

ところが人間というものは、自分の都合の良い判断をしがちです。同じ勘ちがいでも、それぞれの立場によって異なるものなのです。また、聞き手が意味を取り違えたのを、知らないままに話がどんどん進展することも少なくありません。この場合、どちらかが話の内容をもう一度確認すれば事なきを得るのですが、外国にも、「最初のボタンをかけ違えると最後までかけ違う」ということわざがあるように、最後まで言葉のボタンが合わないことになります。日本人にはどうも、一度聞いたことをもう一度繰り返して聞く習慣はあまりないようです。

そこで私がお勧めしたいのは、〝重要な事項は、同じ言葉ではなく別の言葉に置き換えて聞き直す〟というやり方です。この方法だと、相手の言ったことをただオウム返しにする芸のなさもないし、自分の言葉で相手の言ったことを確認できるメリットもあります。もし、それでも抵抗のある人は、「今までおっしゃったことを私はこのように理解していますが、これでよろしいのでしょうか？」と、相手に尋ねるだけでも十分効果があります。

重要な事項を確認するという行為は、責任ある聞き方でもあるのです。時間、場所、名前、用件など、どれ一つとっても、勘ちがいして聞いてはとんでもないことになる恐れがあります。重要事項を聞き直して確認するということは、聞き手としての責任なのです。

そして、どんな会話にでも聞き手として聞きもらしや聞きまちがいはない、という責任を持てるようになれば、仕事においても信用度が増すことは間違いありません。

6 相手の話が難しい時は、何かに例えて聞く

知り合いの奥さんが、先日ある有名作家の講演を聞きに行った時の話です。帰宅した奥さんに、ご主人が感想をたずねたところ、「なかなか素敵な方だったわ。でも、話は難しい言葉がたくさん出てきて、何を言っているのかあまり理解できなかったの」という返事が返ってきたそうです。

この奥さんは決して無教養の方ではなく、有名大学の英文科を卒業した才媛（すぐれた女性）ですから、きっと皮肉だったのでしょう。この作家のように、簡単な事柄でもわざと難しい用語や外来語を使用して説明する人は結構いるようです。物事を難しく言うのはさほど困難なことではありません。ところが逆に、難しい話を、噛みくだいて説明してくれる人もいます

が、こちらの方が高等な技術を要するものです。

「難しい言葉を頻繁に使って説明する人よりも、易しい表現で説明してくれる人の方が頭がいい人だと思う」と知り合いの高校教師から聞いたことがありますが、まさにその通りだと思います。やたら偉ぶる人ほど、中身はたいしたことがないのです。

さて、話し手が意味の理解できない表現を繰り返し使うような時は、聞き手としてはどのように対応したらよいのか、戸惑う時がときどきあります。とくに講演会のように、相手が一方的に話を展開していく場合は、分からない用語があってもその場で質問することは不可能です。いろいろな職業、階層の人たちが聞きに来ている席で、難解な言葉で話をする人は、得てして気くばりに欠けている人と考えていいでしょう。

一対一で話を聞いている時に、話し手から難しい言葉が飛び出してくることがあります。この際の対応は相手によって慎重さが求められます。

あるインタビュアーが頑固で有名な政治評論家にインタビューをした時のことです。「今のお言葉はどういう意味ですか」と質問したところ、「そんな言葉も知らんのかね、帰りたまえ」と、相手が急に怒り出してしまったといいます。頑迷な相手には、たとえ難解な言葉が出てきても、聞き直しは避けた方がいいようです。

しかし、これも聞き方ひとつで相手の態度も変わってくるものです。直接的に、「その言葉の意味は分かりません」と言えば、相手も気を悪くします。重要な事柄でなければ、あとで調べればいいのですが、大切なことになれば、その場で確認する必要があります。そこで最良の方法は、理解できない言葉を別のよく似た言葉をたとえにして尋ねてみることです。

以前、映画・テレビドラマの「裸の大将放浪記」のモデルで知られた山下清《やましたきよし》画伯の口グセに、「兵隊の位でいうと伍長だな」という山下流のたとえがありましたが、人の話を聞く時にも、「○○にたとえればこうなりますね」と応用できるはずです。つまり、無理に自分が理解できない言葉を使って聞くよりも、自分の解釈のしかたを相手に示した上で質問するのですから、話し手も話の水準を考えて話してくれるはずです。

7 話が脱線しやすい相手を軌道修正する、言葉の〝先取り作戦〟

名司会者といわれたＮＨＫアナウンサーの高橋圭三《たかはしけいぞう》氏は、あいづちの打ち方が非常に上手だといわれています。ずいぶん前のことですが、彼が司会をしていたテレビ番組を見たことがあります。番組での高橋氏の態度は司会者というより、むしろ聞き手という感じだったのが印象的でした。

高橋氏の話術が冴えるのは視聴者を相手にする時のようです。視聴者は要領が分かりませんから、放送時間に関係なくダラダラと話すことが多いようです。私がたまたま見た番組でも、一人のご婦人が自分の戦争体験を語っていましたが、いつまで経っても言いたいことが何なのか分からず、このままでは間延びしそうな気配でした。

ところが、高橋氏はその雰囲気を察して、あいづちを打つことでうまく話を短くまとめあげていったのです。たとえば「なるほど、ご主人が亡くなってからは女手一つで子どもさんを育ててこられたのですね」とか、「お嬢さんがこのたび結婚されるとか、おめでとうございます」といった言葉で、ご婦人の言いたいことを先取りして話をどんどん進め、見事に時間内に結論を導いてしまったのです。その様子はまるで、話の職人芸を見る思いでした。

そもそもあいづちというのは、ただ単に「ええ」とか「そうですね」といった当たり障りのない返事ばかりを指すものでもありません。もちろんあいづちの本質は、話の内容の要点を繰り返し述べて確認するだけのものではなく、相手に調子を合わせることにあります。ですから、話の流れによっては、明らかに話の進行方向に見当がつく場合には、話し手の気分を害さない範囲内で話を先取りすることが大切になってきます。そうすることによって話の回転を早め、結論を言わせるように仕向けることも、あいづちの持つ大事な役割です。

とくに一つの話が長くなってきた場合には、いろいろと会話に弊害が出てきます。話し手ですら自分が何を話しているのか分からなくなって、頭の中でつじつまを合わせるために焦ってしまい、どんどん混乱してしまう、というようなことも少なくありません。そういう時には、「なるほど。つまりこういうことですね」と話のポイントを要約し、整理することが聞き手としての心くばりです。

また、一つの話が長い人が時々います。このような人は、どこまで説明すれば、自分の話したいことを聞き手に分かってもらえるかということに迷っていることが多いのです。こうなると、結論に関する補足説明が多くて、肝心な結論そのものがぼやけて分かりにくくなってしまうケースも出てきます。

私は、数多くの企業でいろいろな部署の人たちと話をする機会がありますが、時には長話に苦労することもあります。ひどい人は話の脈絡とは全然関係がないのに、わざわざ会社の経歴について延々と話しはじめる人もいます。このように、話に枝葉がついて、しだいに話の方向が本論と外れ、横道にそれていくような場合には、聞き手が本論にかかわる話をすることによって、筋道からそれた話を軌道修正する必要があります。

それが、一時的には話し手の口を封じることになったとしても、話し手が混乱をきたす前にうまく抑制できればいいのです。これも聞き手の重要な役割であり、上手な聞き方の手段の一つと言えるでしょう。もちろん、相手の口を封じるとはいっても、話を強引に停止させてしまったのでは失格です。ここでいう口封じとは、あくまでも話を本筋に戻すために用いる聞き手の知恵なのです。いつも聞き手は、話が脱線したり長引かないかを注意しながら、会話が円滑に進展しているかを心くばりする必要があります。

よい聞き手とは、話が脇道にそれた時に、折をみて元に戻す話の操縦者であることを忘れないようにしたいものです。とはいうものの、少々の横道は、話題を楽しくするためには必要ですし、ちょっとくらいの脱線に対していちいち注意していたのでは、かえって会話が味気なくなるのは、言うまでもないことでしょう。

8 優柔不断な相手には、聞き手の〝後押し〟も必要

私がある企業に社員研修の打ち合せに行った時のことです。担当の課長さんと日程について話していると、話がコロコロと変わってくるのです。たとえば「そうですね、まず日程については部長に相談しないと都合悪いかもしれませんね」と決めたとかと思うと、5分後には「いや、私が一切任されているのだから部長に相談しなくてもいいでしょう」と言い直すのです。

日程を決定するためには、部長の決裁が必要なのかどうか、聞いている私にとってさっぱり

理解しかねるのです。「日程の件はどうしますか。後日にしますか」と私が勧めると、「いや、今日でもいいでしょう」と断言します。

ところが、しばらくすると「やはり、部長に相談したいので明後日にしてほしい」と前言を翻す始末です。この人は話が終わって「じゃあ、また明日にでも」と別れて、私が部屋を出てエレベーターに乗ろうとすると、後から追いかけてきて「あの件についてですが、このように変更してくれませんか」と、また結論が変わるのですから、正直いって少々呆れてしまいました。

会話中に重要な事項について前言を翻すタイプの人には、大変気をつかうものです。なにしろ話の最後の最後まで気が抜けません。果たしてどの言葉を信用していいのやら、判断に迷うからです。通常、こういった人たちは二つのタイプに分けられます。すなわち、言質をとられないように警戒するタイプと、本心を理解してもらおうとする慎重なタイプです。いずれのタイプも、一般的に完全主義者や神経の細かい人たちに多いようです。

これはともかく、私はそういう場面に遭遇した時は、まず「どうぞ、気楽におっしゃってください」と緊張した雰囲気を和らげることにしています。それからじっくりと相手の話を順序だてて聞きます。話し手の話す内容がくるくる変わっても、焦らないのがコツです。そして言葉を後追いしていくのです。すなわち一番新しい言葉だけを聞いていくわけです。つまり、言い直された方の話を優先させて聞くようにします。そして相手が一番最後に言った言葉を結論と判断することにしています。

それだけではまだ心配なら、その日の結論と思うことを、相手に伝えて確認します。例えば「来週の金曜日の午後5時でよろしいですね」といったように相手に尋ねるわけです。これは単に確認するということだけではなく、躊躇している相手に結論を提示して決定に協力してやるのです。このように結論を提示すると、案外と「そうだね、そうしよう」といったように、こちらが示した事柄がそのまま決定事項になることが少なくありません。

9　質問の数を最初に言っておくだけで、整理された答えが返ってくる

毎週日曜日の早朝に『時事放談』というテレビ番組が民放全国ネット（ＴＢＳ系）で放映されています。高視聴率を保ち続けている長寿番組ですから、ご覧になっている方も多いでしょう。メインホストに著名な評論家や学者、政治家などが登場し、その時々の政治や経済、外交問題を題材に、〝放談〟を展開しています。この番組で細川隆元《ほそかわりゅうげん》氏がホストを努めておられた頃のことです。

細川氏をはじめとするゲストたちの、時には首相までを歯に衣きせぬしゃべり口調で言及す

る姿勢が人気の秘密のようでしたが、とくに際立っているのが、細川氏の聞き手としての鮮やかさでした。たとえばゲストに対し、最初に「今日は、円高について三点ばかりあなたの考えをずばりお聞きしたい」というように、求めることをはっきり会話で示す点です。このようにずばり聞きたいことを最初に提示することは、もちろん話し手にとっては話しやすいことですが、それ以上にテレビを見ている視聴者にとっても、話の要点を把握し聞き方の準備を整える上で便利なことでした。

番組では、時おり脱線もありましたが、事実に即したエピソードが多く、大変興味をそそられました。さらに一つの話が終わると、細川氏が「それじゃあ、その問題はこういうことだね」と確認して、結論づけ、次の話題に移る。一点一点にキチンとメリハリをつけ、視聴者にも話の内容を頭の中で整理できるように工夫していました。

これも最初に「今日は三点」といった問題のしぼり方をしているからです。もし話に段落を置かなければ、わずか30分という枠組みの中では、前者の話題、後者の話題があちこちで交差してしまい、さっぱりまとまりがつかなくなってしまうでしょう。そのようになれば「放談」とはいえ、重大問題もただ時間と空間をさまようだけの希薄なものに様変わりしていきます。

とりあげる問題そのものが、広く国民の問題意識を喚起し、関心を持たせるようなものになっているだけでなく、細川氏をはじめとするコメンテーターが秀逸なる聞き手でもある、というところに人気の秘密があったようです。

対談番組というのは、常に話し手が聞き手でもあるのですが、その中でも『時事放談』は、いろいろと聞き方、そして話し方のテクニックが学べる、見ごたえのある番組であると言えるのではないでしょうか。

10 興奮状態の通報者を落ち着かせる119番係官の〝ゆっくり口調〟

管理者研修会の冒頭で、私は次のようなことをする時があります。まずわざと早口でしゃべってみせます。そして、「私の話すスピードが早いと思う人は手を上げてください」と言うと、何人かが手を上げます。そこですかさず、「私の話を早いと思った人はボケている証拠ですよ（笑）」とショック（？）を与えます。受講生は大笑いで、研修ムードは次第に高まってきます。

人が話すスピードは、年齢に逆比例すると言われています。若い人は比較的早口で、それが年配者になるほどゆっくりした口調になっていくというわけです。何年か前、今は落ち着いたナイスミドルの象徴のように人気のある50代の俳優から面白い話を聞いたことがあります。彼は、自分の若いころの出演映画をときどき観ることがあるそうですが、驚くことがあると言うのです。

それは、昔のスクリーンの中で演じている自分のセリフが、なんとテープの早回しのような早口だからです。年齢というのは、顔や身体だけでなく口調にも表れてくるものです。自分自身を振り返ってみて下さい。若い頃よりは話のスピードは落ちているはずです。これは聞くということについても同じことがいえます。

若い頃は早口でも十分に聞き取れたのに、年齢を経るにしたがって相手の話のスピードについて行けなくなります。人の話を途中で何度も聞き直すようになれば、年老いてきたと考えてもいいでしょう。年齢によって話し方や聞き方のスピードは違ってくるものです。

ですから、聞き手としては相手の年齢や話のペースにある程度は合わせて聞くように心がけることです。話のテンポを合わせた方が、相手はリラックスして話をしてくれます。さらに、話のテンポだけでなく声の大小を考えてもいいでしょう。

たとえば「声の大きい人にはやや張りぎみの声で、声の小さい人には静かに、という声の使い分けができるようになれば、聞き方としては最上級」と、当時ベストセラーとなった『気くばりのすすめ』の著者である元NHKアナウンサーの鈴木健二《すずきけんじ》氏は述べています。聞く態度についても氏は「相手に対する冷静な観察と、相手の身になるあたたかい気持ちがうまくミックスされていなくてはならない」と、そのコツを述べています。このように話し手のテンポや声の大きさに合わせて聞くということは、相手に対するいたわりとも言えます。

さて、相手のペースに合わせるのが上手な聞き方であると強調しましたが、聞き方しだいで、相手をこちらのペースに巻き込むこともできます。たとえば、相手が興奮してまくしたてている時には、こちらの口調をわざとゆっくりにして応じることで、相手も冷静さを取り戻すことがあります。

１１０番や１１９番にダイヤルしたことのある方ならご存知でしょうが、この電話を受ける警察署や消防署の係官は、かけている方が腹が立つほど、かなりゆっくりした口調で応対しています。これは実は、彼らは初めからそのように訓練されていて、意図的にゆっくりしゃべっているのです。通報者は犯罪や事故の緊急事態を前に、ほとんど興奮状態です。そのために、話も要領を得ない場合が多いのです。ところが、係官の落ち着いた〝ゆっくり口調〟に応ずるうちに自然に冷静さを取りもどし、正確に状況を説明できるようになります。

ですから私たちも、普段の会話において、この１１０番・１１９番の応対術を大いに取り入れたいものです。早口で聞き取りにくい人がいれば、相手のせりふをゆっくりと繰り返したり、口だけではなく、動作もゆっくりとすれば、話し手もこちらのテンポに知らず知らずに合わせてしまうものなのです。

11 相手の真意は、言ったことだけでなく〝言わなかったこと〟にもある

休日の昼すぎ、近所の奥さんが遊びに来て、妻と世間話をしていた時のことです。聞くとはなしにその話に耳を傾けていると、訪問販売のセールスマンから、何やら得体の知れない商品を買わされた、という話なのです。T商事の悪徳商法がかなりマスコミの話題になっているのに「セールスマンの口車に乗せられた」という事例はあとを絶たないようです。

もとより、セールスマンは客の心理に沿って物品を売る技術的訓練を受けたプロフェッショナルです。それだけに彼らに訪問された時は、まず玄関先でシャットアウトしない限り、話を交わしながら渡り合えるはずがないと覚悟しておいた方がいいでしょう。ほんのちょっとでも、その商品に関心を持つそぶりでも見せたら大変です。たちまちセールスマン側のペースで話が展開していきます。

もちろん、その商品についてまったくといっていいほど知識を持ち合わせていない素人《しろうと》の主婦たちは、必然的に聞き手に回ります。訓練を積んだセールスのプロから、商品の利点や付加価値といった要素を、立て板に水といった具合でしゃべられれば、少しくらいは「いいかもしれない」と思って、気持ちが動いて当然です。セールスマンは、ぐらつきはじめた心のスキを

見逃しはしません。

「セールスマンが言ったことが、なぜか全部本当らしく思えて、商品がどんなものなのかもよく分からないうちに買ってしまっていたの」と近所の奥さんはたいへん悔しそうでしたが、後悔先に立たずです。このような悔しい思いをしないためには、まず聞き手が話し手との間に距離をおいて、冷静になってみる必要があります。

そして、セールスマンがどういうことを言い、どういうことを言わないか、じっくり焦点をしぼって耳を澄ませてみることです。もちろん、相手は利点のみを強調するでしょう。しかし言わないことを見極めることで、初めて自分の聞きたいことがはっきりしてきます。

つまり、ほかの面の性能はどうなのかとか、現実性あるいは必要性のあるものかどうかが見え始めるようになります。そうすれば、不必要なもの、わけの分からないものを買って、あとで後悔するようなことは避けられるはずです。

この「言わなかったことに耳を傾ける」ということは、何もセールスマンに対してだけではありません。「一を聞いて十を知る」ということわざもありますが、人によっては、自分の真意を直接語らずに、違う話を意識的にすることで、本音を匂わせている場合もあるからです。本来なら厳しく叱責するところを、全然関係のない話を持ち出して相手を〝叱る〟人は、企業人に限らず意外に多いものです。

このように、相手が「言わなかったこと」を〝聞く〟ように努力することは、実は聞き上手になるための重要なポイントの一つです。聞き手が耳で聞いた内容以外のことまで見通すつもりで相手の話に精神を集中させたなら、こちらが本当に聞きたいことも相手の真意も如実に浮かび上がってくるのです。

12 聞き上手は、言葉のすべてを記憶せずにキーワードを拾う

重要な話となると、ほとんどの人はその内容を細かい部分まで丸暗記しようと努力する傾向があります。たとえば、重要事項が1から10まであって、すべてを丸暗記しようと試みたとしましょう。まず、相手が1について説明したことを頭の中で繰り返しながら、記憶することに懸命になります。そうしているうちに、相手は2の事柄を話しはじめ、たとえ記憶力が2に追いつけたとしても、話が3、4……と延々と続けば、もうそれは人間の記憶力の及ぶところではありません。そして、記憶ができたと思っていた1や2の事柄についてですら、10番目の話を聞く頃には怪しくなっていることでしょう。記憶することに夢中になっているのでは相手の話に集中することは不可能なのです。

こうした調子で話を聞いていると、話が終わったあとに何が重要であったのか混乱してしまって、結局、役に立たなかったということになりかねません。人間の記憶力ほどあいまいで、あてにならないものはないのです。人との会話でも自分の記憶力を信じて、それに頼ってしまうと、かえって危険だともいえます。そこで、私が常日ごろ実践している方法は、メモをとることです。そのメモの取り方にも私は、キーワードを拾って記録するようにしています。

ところで、裁判所には、速記官と書記官という二通りの記録者がいます。速記官というのは「逐語録」を担当しています。裁判の様子を細部にわたって逐一あますところなく記録していく人です。この場合、速記用の特殊な記号（略式文字）を使います。書記官は「要領調書」といって、裁判の内容をかいつまんで記録する書類を作成します。ちなみに、私のメモの取り方は後者の書記官タイプに属しています。

人の話を聞いて取材したり、原稿を書いたりする、いわゆるジャーナリストと呼ばれる人たちは、メモのとり方が非常に上手です。彼らは一瞬のうちに、相手の言葉の中のキーワードを探り当て、必要なポイントだけをメモに書きとめていきます。見事なプロとしての技ですが、誰もが初めから要領よくメモを書けるわけではありません。訓練によって身につけるものなのです。

ある新聞記者が、まだ駆け出しの頃のことですが、よく「その時は必要だと思ってメモしたことが、あとになって考えると少しも大切ではなくて、肝心なところはうっかり聞き洩らしてばかりいるんですよ」と愚痴をこぼしていたと聞いたことがあります。彼は、いまや立派なべテランジャーナリストとして活躍しており、思い悩んでいた時代のことを、ときどき懐かしく思い起こしているそうです。

新聞記者という特殊な仕事でなくても、私たちは友人や恋人、子ども、上司、部下などを相手に「聞き上手」の側に立たされることは日常茶飯事なのですから、聞き手としての訓練を積もうと思えばそのチャンスはいくらでもあります。メモをとる、というその作業の間に、頭の中で瞬間的にキーワードを選択する直観力も、その訓練を積むことによって、みるみる磨かれていくに違いありません。

ただ、メモをとるにもいくつかのマナーはあります。メモをとることに熱心になりすぎて、下を向いてばかりいては、話し手は非常に話しにくいうえ、不愉快な思いをします。また、相手に警戒心を抱かせないように、メモをとる時はあらかじめ、「メモをとらせていただきます」と断っておくのもいいでしょう。さらに「きょう、こういうふうに理解しました」とメモの内容を見せれば、もっとていねいです。なぜなら、そうすることによって、相手に安心感を与えるだけでなく、「信頼できるヤツ」と思わせる効果があるからです。

メモをとることは、決して話し相手に対して失礼な態度ではありません。背中を丸めてコソコソ筆記するようでは悪い印象を与えることにもなりかねません。要は、正々堂々とした態度で臨み、自分の誠意を相手に見せることです。そしてメモをとられていることを相手が意識し、うろたえることがないように、キーワードを絞り込める直観力を早く磨いていきたいものです。そうすれば、あいづちを打ったり、話のほこ先を正しい方向へと導いたりしながら、ときどきメモをとる――という余裕あるすぐれた聞き手になることができるでしょう。

13 「ここだけの話」は、誰でも知っている話と思っていい

身内の失敗談で恥ずかしいのですが、ずいぶん以前に私の妻がセールスマンにまったく役に立たないものを買わされたことがあります。その時のセールスマンの手口は、妻の説明によると、次のようなものでした。

ひと通り、商品の優秀さや使いやすさを説明し終えたセールスマンは、商品カタログを目の前にしてまだ決めかねている妻に向かって、このように言ったそうです。

「分かりました。仕方がありません。それでは、その値段からあと1万円値引きをしましょう。ただし、これは奥さんだけですから、ここだけの話にしておいてくださいよ」。

この言葉に妻は何となく得したような気分になって、ついつい契約してしまったというのです。ところが後日、子どもの学校の父母会で知り合いの奥さんと話をするうち、同じ会社のセールスマンから同じ値段で同じ商品を購入していたことが分かりました。

さらに隣近所も聞いてみると、やはりみんな同じ手口に乗って契約していたのです。「値引き」というセールスマンのうまい口車に乗せられて、高い商品を買わされていたのです。

こういう「あなただけ・ここだけ商法」に引っかかるのは女性だけではありません。男性も同じです。上司が部下に「君だから言うんだが……」「君にだけ打ち明けるのだから、そのつもりで聞いてくれ」と、周囲に人の動きがまったくないにもかかわらず、声をひそめ、周囲に目くばりしながら近寄っていく有様は、サラリーマン映画やテレビドラマに時折、見られる構図です。「あなただけ」「ここだけ」は、実際は「あなたにも」「ほかでも話したことだが、ここでも話しておこう」の別表現と思えばいいのですが……。

職場には、たいした情報でもないのに、ことさらに重要な情報を提供しているかのようなポーズを示したがる人が少なくありません。

たしかに、「あなただけ」「ここだけ」などといった話は、掃いて捨てるほどどこにでもころがっています。「ここだけの話」が、決してそうでないことを知っていながら、そう言ってすり寄ってくる相手には、奇妙に親近感がわくこともあるから不思議なものです。

「自分だけは特別である」という優越感を与えられると、人間は心理的に選択眼が鈍ってくるものなのでしょうか。つね日ごろから「気をつけよう」「信用してはいけない」と注意しているのですが、相手がうまい話をすれば、とりあえず耳を傾けてしまいます。このようにして、いくらインチキ商法がマスコミで騒がれても、被害者は後を絶ちません。そして人間の優越感をくすぐる商法も消えることはありません。

聞き上手とは少し外れますが、自宅の郵便ポストをのぞくと、「選ばれたあなたにお届けする」と思わせぶりな言葉が印刷されたダイレクトメールが見知らぬ会社から届けられることも少なくありません。もちろん、こうした類のメールは大量に印刷され、大量に選んだ人に送られているのです。

こうしたセールストークの被害から免れるにはどのような心構えが必要でしょうか。私は日ごろから、話し相手が「実はここだけの話なのですが」と耳打ちをしてきたら、よほど親しい人ではない限り、得な情報を出してきてもすぐ飛びつくことは避けています。それがわが身を守る手段だと思います。

もっとも、話を持ち込んでくる人に対して「うまいことを言ってもダメですよ」とわざわざ反発する必要はありません。その後もビジネスでのお付き合いが続くかも知れません。また本人はあまり悪意がなく、癖のように「ここだけ」という言葉を使用する人もときどきいます。

ですから「ああそうですか」と聞き流しておけばすむことです。

第6章

会話のコツは、〝論より感情〟

1 理屈より、相手の感情を考えること

アメリカのある心理学者が、「人間は理性30%、感情70%の動物である」と著書に書いていたのを読んだことがあります。たしかに、ひどく怒っている人に自分の主張を分かってもらおうと努力しても、感情が高ぶっている間は、なかなか受け入れようとしてくれません。逆に泣いている人に対して、ただ〝悲しむな〟と何度言ってみたところで、何の解決にもならないものです。

現代社会を生き抜く上では、誰もが自分の感情をある程度、抑えながら生活しています。しかし、ある出来事やきっかけによっては、今まで抑えていた感情が何かに呼び起こされたように抑えきれなくなり、それまでセーブしていた別の感情までが手伝って「極端な喜怒哀楽」として表われてくることがあります。

そんな時は、こちらがいくら正しいことを訴えても、相手の感情がこちらの話を受けつけなくなっていますから、結局は徒労に終わってしまいます。つまり、こんな時、人の話を聞く場合は、理屈よりも相手の感情を考えることが大切になってきます。

芥川龍之介《あくたがわりゅうのすけ》の『手巾（ハンカチ）』という小説の中に、子どもを亡くした婦人が、子どもが

生前お世話になった大学教授の家にあいさつに来るシーンがあります。教授と話す婦人の顔には、頼りなげながらも笑みが浮かんでいましたが、ヒザの上のハンカチは、婦人の心を物語っているかのようにギュッと握りしめられていたと書かれています。

この小説のワンシーンは、「顔で笑って心で泣いて」の典型的な例えともいえますが、人間は悲しくても、その悲しみをいつも顔に表わしているわけにはいかないものです。

ですから、相手の言ったことだけで理屈を組み立てると、誤解が生じかねません。つまり、「相手は〜というふうに言っているけれども、本当は何を考えているのだろう?」と、話の真意をつかもうとする心がけが必要です。

「人間は感情の動物」という傾向は、どちらかというと女性の方に強いようです。男性はふだん、仕事上などで我慢することに慣れているようなところがありますが、女性の場合は怒れたり貶《けな》されたりすると、すぐに感情が顔に表われたりする人も少なくないようです。女性に対しては失礼かもしれませんが、それだけに女性同士、あるいは女性と話している時の方が、警戒心をゆるくしても大丈夫なケースが多いからでしょう。

ということは、逆に男性が仕事上の取引などで話す場合は要注意です。言葉では「そちらのご希望に沿えるように努力いたします」などと言っておきながら、心の中で「こんな話にＯＫが出せるわけないだろう」と思っていることがあるのも、あながち言い過ぎではないのです。

また、友達同士で話をしている時は、警戒などしないのが当たり前です。警戒するのも時と場合によりますが、話の内容すべてをうのみにしないで、相手の感情を読み取ることも、話を聞く上で見落とせないポイントであることは確かです。

2 〝決めつけ〟〝先回り〟は、質問の2大タブー

私の古い友人に、生徒指導のベテランの高校教師がいました。生徒指導の担当というと、とかく生徒から煙たがられるものですが、彼の場合は煙たがられるどころか良き相談相手として、しょっちゅう生徒が家にやって来ました。

その秘密は彼の聞き方にありました。例えば、問題を起こした生徒を職員室に呼んで注意する時でも、頭ごなしに「悪いから、直せ」とは言いません。

まずは、生徒に好きなだけ話をさせ、その間は質問を一切しないと言います。そして聞き終わったあとで、「君の言いたいことはよく分かった……」と、相手を思いやる言葉を付け加えてから、自分の尋ねたいポイントをズバリと聞くのです。

日頃から、自分の言い分に耳を貸してもらえることが少ないせいかもしれませんが、そうす

ると生徒は、今度は教師の言うことを聞こうという態度になると言います。

つまり、先に自分の言い分を聞いてもらった、そのお返しというわけなのでしょうか。「相手の話を先回りして、決めつけるようなものの言い方では、生徒は決して心を開いてはくれない」というのが彼の持論ですが、このことは何も教師と生徒との間にだけ言えるものではないでしょう。

フランスの哲人ボルテールの言葉に、「あなたの意見には反対だが、あなたが発言する権利は死を賭しても守る」というのがありますが、相手の立場や意見を尊重するというのは、双方が感情的にならないためにも必要なルールといえるでしょう。

講演会など大勢の中で講師に質問する場合も、相手の感情を考える必要があります。講演における質問は、講師の言い足りなかったことや、さらにそれに付随する点をうまく引き出すところにコツがあります。

ところが、私の経験では自分の感想を述べているだけの人が少なくないのです。こちらは、いつ質問が出てくるのかメモの用意をして聞いていると、感想だけ並べて何も質問せずに「とてもいいお話ありがとうございました」で終わってしまうので、がっくりしてしまいます。

また「先生の意見はそうですが、○○大学の△△教授はこういう説です」と、自分の知識をひけらかしたいための質問も、講師に失礼ではないでしょうか。他の聴講者もそういう質問者には、内心イライラしているはずです。得意なのは本人ばかりというわけです。これらは、ヘタな質問の仕方の典型といえます。

誤解がないように説明すれば、何も固苦しい質問が良いということではありません。その場の雰囲気や、話し手・聞き手の気持ちを考えた質問が大切であるということなのです。

話が少し横道にそれるかもしれませんが、なかには、こんな質問をすれば話し手が気分を悪くするのではないかと心配して、結局、質問をしないという人もいるようです。しかし、自分の疑問を素直に述べることは一向に構いません。

講師にとって、質問が出ずに場内がシーンとなっていることほど情けないことはありません。何でもいいから聞いてくれというのが本音です。そんな時に、どんなバカバカしいことでも元気に質問してくれると、話し手も一生懸命に説明するものです。

私がある会社の社内研修に伺った時、講演後、社員から質問がなかなか出ないことがありました。するとある部長さんが、わざとトンチンカンな質問をして皆をリラックスさせ、ほかの質問を誘発してくれたことがあります。

こういう〝サクラ〟は話し手にとっては大歓迎です。最初にトンチンカンな質問があれば「こんなこと聞いたら笑われるだろうか」と、ためらっている人が非常に訊きやすくなってくるのです。その「こんなこと」こそ、意外に他の人も聞きたいことである場合が多く、そこから本当の質疑応答が始まります。

有意義な研修会になるかどうかは、こういう〝犠牲フライ的質問者〟が飛び出すかどうかで大きく左右されると言えます。

3 忠告は何よりの〝プラス情報〟

ある編集者からこんな話を聞いたことがあります。年齢のわりには驚くほど幅広い人脈を持っている女性ライターの話です。彼女はその人脈を有効に活用して、時には思いがけないスクープをものにしたり、有名人の単独インタビューに成功したりという活躍を続けています。彼女の人脈の広さは、つね日頃から同業の男性ジャーナリスト諸氏を羨ましがらせているのですが、実を言うと彼女はとてもあわて者なのだそうです。取材に行っても道に迷って遅刻したり、取材日を勘違いしたりということも始終あるといいます。

しかし、だからといって、彼女が批判されることはあまりありません。それは彼女の性格の良さも反映しているのでしょう。日時を間違えたりした時に、彼女は言い訳をしないですぐに謝ります。遅刻しそうになると、走ってきます。汗をかき息をハアハアさせて「すみません」

と素直に謝られると、相手も「いいよ」と許してしまうのでしょう。

さらに、取材相手によっては「他の人だったら怒ってインタビューさせてくれないよ」とか「前の日に、必ず確認電話をいれるものだよ」と忠告してくれることもあるそうで、それを彼女は素直に受け止めて、感謝するのです。彼女の人脈の広さは、話を聞く態度の素直さが好意的に相手に受けとめられているからでしょう。

自分のことを完全無欠な人間だと思っている人は、まずいないと思います。いくら注意したところで、必ず欠けている部分が出てきます。「忠告、注意、叱責」も、その欠けているところを埋めてくれる〝プラス情報だ〟と考えればいいのです。

考えてみれば、忠告するという行為は難しいことです。「要らぬお節介だ」と相手から恨まれる場合があります。封建時代には、忠告したために殿様から手打ちになった家来もいたほどです。

現代の社会でも、忠告したために人間関係が壊れた例も少なくありません。忠告者は常に恨みを買う恐れのある損な役割です。一方、忠告して得をするのは忠告された相手です。忠告してくれる人はそうした損を承知で言ってくれるのですから、聞き手としては「相手の善意」と「自分に対する期待」、それに「友情」であると受け止めたいものです。

たとえば、上司からの忠告を聞く場合、まず素直に相手の勧めに応じることです。さらに「タバコでもどうだね」と言われたら、「では、遠慮なく」と応じると、断った場合より相手も抵抗感がなくなって話しやすくなるものです。

また、相手が熱心に話をしている時は、その話をちゃんと理解していることを相手に分からせるために、既に述べたように、あいづちを打つことも必要でしょう。黙って忠告を聞いていると、「反抗心を持っている」とか「黙殺している」と受け取られることがあります。適度なあいづちを打つことが、気持ちよく聞いてくれているという安心感を相手に与えるのです。

聞き終えたら、「よく分かりました」「反省して改めます」「ありがとうございます」など、誠意を込めた言葉で礼を述べるのも忘れたくないものです。このようにちゃんとした姿勢で相手の忠告を素直に受け入れることができると、かえって話し手との人間関係も深まっていくものです。

4　相手に同調できなくても、「しかし」を使わず「はい」で反論

アメリカ人が日本人の言葉遣いに関して驚くのは、「はい」と受けてから、相手に反論することだといいます。英語では、相手の意見に反対の会話は最初から「ノー」で始まりますから、

アメリカ人が首をかしげるのもやむを得ないでしょう。

日本人が、どのような返事に対しても「はい」と言ってしまうのは、相手の意見に対して賛否を表現する前に、まず受け止めるという国民性かもしれません。しかし、「日本人ももっと自分の主張をはっきり」という戦後教育の成果なのでしょうか、欧米人並みに最近の若い人たちは、返事をする時に初めからはっきりと反論する傾向が出てきたようです。

たとえば、「しかし、それは課長おかしいです……」「いや、その意見は違うと思います」などと、最初に「しかし」「いや」などの否定の言葉を発している若い社員を職場の至るところで見かけます。

しかし、こうした口論は、親しい友人同士なら、ざっくばらんで一向に構わないのですが、職場ではどうでしょうか。職場には「年上の日本人」たちが、まだまだ多いということを覚えておいてもいいでしょう。

職場での議論や話し合いは、「議論の勝ち負け」ではなく、いかに仕事をスムーズに成功させるかにあるわけですから、相手、とくに上司との友好関係を崩さない聞き方を心得ていた方がよいと言えます。ではどう反論すれば、「年上の日本人」に分かってもらえるのでしょうか。「はい、たしかにそうですが……」「はい、おっしゃる通りです……」と、まず「はい」といった肯定で受けて、そのあとに自分の意見を述べてはどうでしょう。こうすると、相手に与える印象はずいぶん違ってきます。「あなたのおっしゃることも確かに一理あるが、こういう考え方もあるのでちょっと聞いて下さい」というニュアンスに変わってくるのです。

こう言えば一応、自分の意見は尊重されているということが相手に伝わり、「じゃあ、君の意見を言ってごらん」という気になるものです。結果としてどちらの意見が通っても、あとにしこりは残らないはずです。

反対に、「しかし」という言葉での受け答えは、相手との意見の対立を浮きあがらせてしまいます。相手は真っ向から否定される感じで、最初から身構えてしまうのです。気の短い上司だと「なんだ、おれの意見に文句があるのか」となります。言葉だけで相手の感情を逆撫でするることは損なことです。たとえ部下の反論が正しくて、その提案通りに仕事が運んでいったとしても、上司にはあまりいい印象が残らないものです。

仕事で保険会社を訪ねた時に、ベテランらしき女性外交員がお客と電話で話しているのを耳にしたことがあります。話の内容は分からないのですが、やたら「はい」が私の耳に飛び込んできました。彼女の電話に気をとられている私の様子に、応対の男性がそっと教えてくれました。「彼女の『はい』は社内でも有名ですよ。『はい、そうですか……』で、しぶる相手をどんどん高額保険の契約へ説得してしまうわけです」と、その男性社員も彼女の「はい」の説得力に一目置いている様子でした。

彼女は、その支社でナンバーワンの腕だそうですが、「はい」でワンクッションおいて相手の意見を一応肯定した方が、よりスムーズに話し合いが弾むものです。「しかし」で切れてしまう関係も、「はい」でつなぎとめておけるのです。

5 反論は、しばらく「間《ま》」をおいてからするのも一法

学生時代の友人の一人に変わった人間がいました。あだ名は「昼行燈《ひるあんどん》」。「忠臣蔵」の大石《おおいし》内蔵助《くらのすけ》のあだ名からきています。彼もやはりボーッとしているのです。そして、もう一つ彼のお得意は、何日も前のことを「あの時、君はこう言ったけど、僕はあの日以来ずーっと考えているんだが、どうもこうじゃないかと思うんだがね……」と言い出すことでした。

彼の場合は、意識して「反論するのは、時間をおいてからの方が有効だ」などと考えていたわけではなく、単なる性格なのだと思います。しかし、数日前の話を反論されたことのある私の感想を言えば、相手の反論が冷静に聞けたから不思議です。

自分が反論する立場にある時に、もどかしい経験を味わった人は多いと思います。相手の意見に反論したら、相手はこちらの意見をよく聞きもせず、自説の正しさに固執して譲らない。

こちらもだんだんカッカッとしてきて、平行線のまま、最後には疲れ果てて議論を放り出した――ということが、若いころ私にもよくありました。こうした討論は、一回で収まることはありません。なにしろ、お互いに少しも納得していないので、次の機会にも同じ相手と同じ議論をむし返して、やはり堂々めぐりになってしまうのです。

聞くところによると、NTTでは電話料金に関して利用者から苦情がきた時、以前はその場ですぐ調べて返事していたようですが、最近では、いったんその場でていねいに詫びておき、「調査の上、後日ご報告します」とすぐに返答をしないようにしているそうです。つまり、冷却期間をおいてから説明する戦術に切り替えたわけですが、その結果、納得する利用者が増えたといいます。

人間は、冷静な場合でも、なかなか他人の反論は聞きづらいものです。まして電話料金のトラブルで文句を言ってくる利用者の多くは被害者意識にとらわれていますから、その心の中は不信と怒りで一杯でしょう。とても、冷静にNTTの説明を聞き入れられる状態ではないのです。仮にNTT側が正しくて、利用者の方が勘違いしていた場合でも、彼らを納得させるのは困難なことです。たとえ納得させたとしても、冷静な人間に説明する場合より何倍も時間とエネルギーが必要となります。そこで、一度は謝って話を中断させ、「時間」をおいて説明した方がよほど効率がいいわけです。

時間をかけるということは、それだけ疑問や問題点を自分の頭の中で何度も確認できます。そのうちに高ぶっていた感情も治まってきます。そこでもう一度、質問や反論の内容を点検すればいいのです。

話し手に対して、時間も置かずに冷静に反論するというのは難しいことです。とりあえず肯定的な返答をしておきます。あるいは否定するにしても、「いいえ」という断定的な返答ではなく、私たちは「いえ」「いや」という軽いタッチの表現をします。「いいえ」と「いえ」「いや」では、相手の反応も違ったものになります。こういうコトバは、個人主義の発達した西洋諸国に比べ、狭い国土に単一民族が暮らす日本人が長い歴史の中でつくりあげてきた「和」の精神の表われなのかもしれません。

6 いきりたつ相手には、まず飲む、食べるなど誘ってみる

第1章3で述べた松下幸之助氏がまだ幼いころ、大阪の火鉢屋で丁稚《でっち》奉公していた時のエピソードです。いつものように、松下少年は親方の家の赤ちゃんを背中に背負って子守りをしていたのですが、当時はまだ9歳の遊びざかりの子どもです。

ついつい赤ちゃんを背負ったまま、近所の子どもたちと「バイ」という鉄のコマを盆の中で回す遊びに加わってしまったのです。たちまち夢中になって、赤ちゃんの背中を片手で支えて、もう一方の手でバイを回すというあんばいです。ところが、力をいれてバイを回そうとした瞬間、彼の体がそり身になり、そのハズミで赤ちゃんの上体も後ろへそりかえって、地面で強く頭を打ってしまったのです。

さあ、赤ちゃんは火がついたように泣き出しました。松下少年も驚いて、なだめようとしますが、赤ちゃんはなかなか泣きやんでくれません。このまま親方の家に帰ればこっぴどく叱られるだろうと、途方にくれた彼は、考えた末に近くの菓子屋でマンジュウを買って、赤ちゃんに与えたのです。すると、赤ちゃんはピタリと泣きやんだということです。きっと頭を打った痛さも、食べ物によっておさまってしまったのでしょう。

これは赤ちゃんの例ですが、大人同士の会話にも当てはまるのではないでしょうか。よく人間はお腹がすくと怒りっぽくなる、と言われます。ですから、いきり立つ相手を説得するには、まずその人が空腹ではないか、と見ることは賢明なやり方です。

もし空腹だったら、反論する前に、生理的欲求を満足させて相手の興奮を鎮めることです。飲まず食わずで会議を続けたりすると、出席者がいら立ち、まとまる話もまとまらなくなることはよくあるものです。

ビジネスにおいても相手が興奮状態で反論してきたら、「このへんでお茶でも飲みましょう」と、会話を一時中断することです。お茶を一杯飲むだけでも、相手の気持ちは不思議と治まるものです。

普通の人間は、食べたり飲んだりすると気分が落ち着いて穏やかになります。医学的なことは分かりませんが、頭にのぼっていた血が食べることによって胃に下がるからなのでしょうか。ともかく満腹になれば冷静になって客観的に話し合えるというわけです。

江戸時代のこんな話が残っています。ある藩の農民が藩政の改革を訴えて大挙して代官所へ押しかけてきたのです。その時、代官は少しも騒がず「話はあとで聞く。ともかく腹減っているだろう」と農民たちに、飯を腹いっぱい食べさせたそうです。その後に代官は農民と向かい合い、藩の窮状を訴えて協力してほしいと申し出たところ、一揆《いっき》も起こしかねない勢いだった彼らが、納得してその日は引き下がったというのです。

もちろん、飯を食べて生理的欲求が満たされ、興奮している人の気分が落ち着いたからといって、問題のすべてが解決するというわけではありません。しかし、少なくとも一方が興奮状態にあったら、きちんとした話し合いはできません。互いが冷静になった時から正常な会話が始められるのです。

ですから、大事な会議や重要人物に会って話を聞く前には、軽い食事か、お茶を飲んでおくのはいいことかもしれません。そうやって、気分を落ちつけて自分を冷静な状態にしておけば、少なくともこちらがいきり立つことはないはずです。

7 脱線した話の軌道修正は、一度席を外す〝途中下車〟で修復

脱線した話を相手がいつまでも続けていることがあります。親しい相手なら、「ちょっと、話が外れているよ」と素直に言えますが、相手が目上の人や、初対面の人だったり、大事な取引先の人であれば、脱線を指摘するのも難しいものです。相手が息をついた合間を狙って、すかさず「ところで、話は戻りますが……」と切り返せばいいのですが、そうした言い回しを嫌う人もいますし、タイミングの問題もありますから少々やっかいです。まして、こちらが聞き手に徹しなければならない場合などはなおさらです。

そういう時には「ちょっと、手洗いに行って参ります」「電話を一本かけてきます」などと断って、席を立つのも一法です。そして戻ってきた時に、「失礼しました。ところで、先ほどの話ですが……」と切り出せば、元の本題にスムーズに戻れるでしょう。短くても席を外す時間をおくことによって、相手も冷静さを取り戻しているはずです。

このように、「間」をつくることによって話し手の脱線を軌道修正するテクニックは、バーやクラブのホステスさんが、客のワイ談をさえぎるのによく使う手です。「ちょっと、あちらのお客様にご挨拶してきます」と席を離れて、再び戻って来た時に、客の話題はすっかり違う内容になっていたという具合です。

また、席を外すタイミングを失って話が脱線したまま終わってしまったり、あるいは相手が意識的に聞き手の要望を無視して、違う話に終始してしまったりした時は、「また、お話を伺いに参ってもいいでしょうか」とか、「もう少し教えていただきたいことがあるのですが」などの言葉でしめくくって、再訪問のきっかけを残しておくことが大切です。

その場合、「あなたが脱線ばかりするから、肝心のことが聞けなかった」といった意味のことを、口に出して言ったり、表情に出してはいけません。なぜなら、話が脱線したのは、相手が本来の話はしたくない、避けたいという意識的な働きもあります。ですから、相手の貴重な時間をさいてもらったお礼を丁寧に述べ、次回を期して失礼することが最良の方法のように思います。

相手が意識的に逃げた場合でも、日時や場所を変えれば話してくれることも往々にしてあります。蜀《しょく》の劉備《りゅうび》が、諸葛孔明《しょかつこうめい》を三度訪れて軍師に迎えた「三顧の礼」の故事にもあるように、再三再四、足を運ぶことによって、こちらの熱意と誠意は相手に通じるものです。

私の友人に頑固者の骨董屋の主人がいるのですが、彼の奥さんが、先日こんな話をしてくれました。友人は絵画にも造詣が深いので、美術の雑誌の編集部からも執筆依頼が多いそうです。そんな時、初めての人が来ようものなら、一度はわざと話をはぐらかして、追い返してしまうというのです。このつれない態度に負けずに、再度アタックしてくる編集者としか付き合わないと言います。「そばで聞いている私は、いつもハラハラし通しです」と奥さんは笑っていました。稀には、そうすることで一度は相手の様子を探るという「狸《たぬき》タイプ」の人間が、世の中にいるということも覚えておくとよいでしょう。

8　相手が自分をほめた時は、無理に謙遜せずに素直に聞く

「ほめられ美人」という若い女性がいるものです。このタイプの人は、仮に彼女が料理をつくるのが好きだとすると、「君の料理は、本当においしいね。ご主人になる人は毎日こんなにおいしい手料理が食べられて最高に幸せ者だろうね」などとほめられると、顔を赤らめながら非常に嬉しそうな表情をするものです。その嬉しそうな様子を見ているだけで、ほめた人は誰でもとても気持ちがよくなります。素直に喜んでもらえると、またほめてあげたくなるのが人

情で、彼女のために素晴しい男性を紹介してあげようか、となったとしても不思議ではありません。

反対に、ほめ甲斐がなかったのは、友人の息子さんです。その友人の自宅に遊びに行った時のことです。ギターの音が聞こえてきたことがありました。曲はフォークソングのようだったのですが、なかなかのものでした。

夕食の席上で、息子さんに「昼間のギター、なかなか鮮やかだったね」とほめると、「そんなことないよ。あのくらい誰だって弾けるよ」とぼそりと呟いただけで、ニコリともしません。私は、そのあとが続かず、一瞬、その場が白けてしまいました。

たしかに、私のような世代から見ると、天才のように思えるギターの腕も、若い人たちの間では当たり前なのかもしれません。また、ほめられたことで、わざと雑な返事をしたのかもしれません。しかし他人からほめられたら、最低のエチケットとして少しは照れた様子なり、嬉しそうな表情なりの表現をするのがエチケットではないでしょうか。

会社で上司からほめられる時も同じです。「君の今度のレポートは、とてもよく書けていたよ。現状分析が正確で緻密だ」とほめられたら、「ありがとうございます。私も一生懸命書きました」と素直に喜びたいものです。

ここで「いやあ、大したことはありません。あれは自分でも満足していないんです」と変に謙遜すると可愛げがなくなり、かえって傲慢な印象を相手に与えてしまうことになります。

そうかといって、せっかくほめられたのに「そうですか」だけでは、素っ気なさすぎます。やはり嬉しさを素直に表現した方が、ほめた側もほめ甲斐があるというものです。

当然のことですが、ほめた上司も次の仕事に期待をかけて見守ってくれるはずです。もし仕事の進め方で迷ったら、その上司に相談すれば喜んで助けてくれるでしょう。ほめられ甲斐のない対応では、そのあとの仕事がまずいと「あれは、まぐれだったんだな」と思われかねません。

9 痛いところを突いてくる相手には、相手の攻め方をほめ、攻撃の矛先をかわす

人と人との会話は、いつも相手を理解しようというコミュニケーションの大前提に立っているとは限りません。時には相手を非難したり、攻撃することもあります。

とくにビジネスの社会は戦場です。お互いににこやかな笑顔を浮かべた会話であっても、その言葉が時には自分の利益、会社の利益のためを考えた武器に変身することもあります。商談ともなれば、ちょっとした油断によって、大きな儲けを取り逃がすということもあり得るわけ

ですから気が抜けません。大げさに言うならば、ビジネスの社会ではそこで働く人の聞き方ひとつで、会社の命運が左右されることもあります。

ですから、有能な人ほど聞く姿勢は真剣です。利益が関係する商談では、相手の弱みを見つけると、すかさず攻め立ててきますから、ぼんやり聞いているわけにはいきません。なにしろいったん相手のペースに乗せられれば、そこから逃れるのは容易ではありません。そこをなんとか反論して、相手のペースを乱す作戦がビジネスマンには必要となってきます。

トップセールスマンと呼ばれる人たちは、話し方のプロだけではなく、実に巧みな応答で客の鋭い質問をかわしていく聞き方のプロでもあります。あるミシンメーカーのセールスマンに聞いた訪問販売のテクニックは見事なものでした。

彼の売り方は実に客の心理を巧みに衝いたものでした。まず、家庭訪問すると、客にどんな刺繍《ししゅう》もたちどころに仕上げるマイコン内蔵の機能を詳しく説明して売り込みをかけます。このような説明をすると、ほとんどの奥さんは「それは分かっているけれど、このタイプは操作が難しいのでしょ。わたしは機械には弱いのよ」と、痛いところを突いてくるそうです。たしかに、一見するとマイコンミシンの操作は難しいようです。客もそうした弱みを突いてセールスマンを困らせようと思ったり、それを口実に断ろうと考えるのが普通です。

ところがこうした場合、そのような質問が出ることなどセールスマンは先刻承知です。弱みを突かれると彼らは、「さすが奥さんは、よく研究されていますね。ほかの方とは、見る目が違います」と、まず相手の話に同調します。時には「いつその質問が出るのではないかとビクビクしていました」などと言うこともあるようです。つまり、反論に対しては相手の目のつけどころをほめるという態度に出るのです。このように言うと客は優越感を持ち、その後の売り込みは実に簡単に進むというわけです。

心理学者の多湖輝《たごあきら》氏は、痛いところを突いたり、反論する人というのは、反論の中身が重要なのではなく、人間対人間の関わり合いの方に、警戒的、猜疑的である場合が多い、と述べています。ですから、聞き手としては反論されたなら、その反論を高く評価し、何よりも先に相手の警戒心を解くことが必要なのです。「奥さんは勉強家ですね」と言われれば、相手は自分の〝能力〟が認められたと思い、気持ちが和らいでセールスマンへの警戒心を解くものです。

このようにいい人間関係を作り出してから、「機械の操作は、内蔵のコンピュータがすべてやってくれますから、ご心配はいりません。素晴らしいミシンでしょう」と、売り込むのです。それがトップセールスマンの〝聞く技術〟の一つというわけです。

しかし、こうした矛先のかわし方がいつも成功するとは限りません。私たちの日常の社会では、あまり鮮やかな「切り返し」はかえって意図的と見られ、相手の感情を害することがあります。

話の受け方が達者という印象は、人間の評価の上では危険な面もあるからです。この話術は有効には違いありませんが、使い方には十分な配慮が求められます。

10 理詰めで攻めてくる相手には、非論理的な答え方で受け流す

かつて、「浜幸《はまこう》」の愛称でも知られた浜田幸一《はまだこういち》代議士が、作家の小田実《おだまこと》氏とあるテレビで対談しているのを見たことがあります。

防衛問題について対談しているのですが、浜幸さんの話は愛情問題に触れたり、生命の大切さを説いたりしています。論旨には飛躍が多いのですが、それでも妙な説得力がありました。これが浜幸さんの魅力なのでしょうが、いかんせん小田氏の論理的な議論とは噛み合わないのです。たまりかねて、小田氏が「もっと論理的な話をして下さい」と皮肉っていましたが、浜幸さんは終始マイペースでした。理詰めの相手には理詰めで応答していても効果は得られない、という〝計算〟が浜幸さんにあったのかもしれません。

たしかに話は自分の意思や思想を伝えるものですから、論理的で明晰な話し方が望まれます。研究した内容がどんなに優れたものであっても、話し方が悪いと、いい評価は得られないことは誰でも知っています。

ところが聞く側に立つと、この論理的な話し方は、こちらの意見を差しはさむ余地がなく厄介なものです。商談や討議などの場で相手から論理的に話を進められて、思わず窮地に立たされたという苦い経験をお持ちの方も少なくないはずです。

相手にこのまま押し切られてしまうと、不利はまぬがれません。なんとか反論したいのですが、相手の筋書きがきちんとしているので、つけ入るすきがありません。このような時に自分のペースを取り戻すには、浜幸さんが行ったように相手の話のペースを非論理的な聞き方で崩してみるのです。

また、あいづちの打ち方で相手のペースを崩す方法もあります。相手の話の呼吸に合わせて聞いていたリズムを、頻繁にあいづちを打つことによって撹乱するのです。そうすると、相手は必ず「あれ？」と思うものです。対話のリズムを崩すことで、何気なく心理的動揺を与えるのです。心に乱れが起これば、論理的思考にも乱れが出てきます。そこをとらえて逆襲に転ずると、意外に効果があるものです。

あるプロ棋士の話ですが、対局した相手が予想外に強く、理づめの攻めで、どうやら相手のペースにはまってしまいました。このままでは押し切られそうです。そこで、わざと盤上に将棋の駒を間違えたように指先から落としました。してはならない行為ですが、相手の心理を撹乱するためにやったのです。案の定、相手はムッとした顔をし、それからの攻め口に乱れが生じたというのです。こうして勝ちを拾ったという話を聞いたことがありますが、これも、話の聞き方に一脈通じる話だと思いました。

第7章

この〝お膳立て〟なら、相手も乗ってくる

1　聞き上手は〝お膳立て〟がうまい

会話がスムーズに進むかどうかは、その場の雰囲気が大きく左右するものです。シリアスな話を聞きたいのに、周囲がにぎやかだったり、逆に楽しい話がしたいのに静かすぎたりすると、話し手の方も意気消沈してしまい、それではせっかくの会話も尻すぼみになりかねません。

つまり、会話をスムーズに進行させるためには、相手が話すタイミングや雰囲気に聞き手も気をつかうことが大切なのです。

すなわち、聞き手に必要な〝お膳立て〟とは、話しやすい環境づくりということでしょうか。例えば、誰でも話す時間が長引いてしまったり、逆にたくさん話を聞きたかったのに短時間で打ち切られてしまった場合には、こちら側にもある程度の責任があるはずです。予定の時間内に話を終了するという演出も、「話しやすい環境づくり」の一つです。

また、話には必ず「出口」があります。この出口とは、簡単にいうと「結論」のことです。初めから出口が分かっていれば、それに到達するまでの会話も楽なのですが、話し合いながら出口を見つけていく時は、聞き手も一緒になって出口を探してやらなければならないでしょう。酸素がなければ火が燃えないように、話を燃やす酸素、つまりムードやきっかけを、こちら側から供給することが、会話を意味あるものにする一つの秘訣とも言えるでしょう。これも〝お膳立て〟の一つなのです。

あるデパートの外商部員で、常に営業成績がトップクラスの女性がいます。彼女は、セールスに行ってもほとんど商品の話をせずに、相手の商売の話や趣味について何時間も話し込みます。彼女はいつも相手の話の聞き役に回り、「まあ、素晴しいですわ」とほめたり、時には相手の家庭事情についての相談にまで乗ったりするそうです。最初のうちは、商売の話をほとんどしない彼女に多少の疑問を感じていた客も、2度、3度と彼女が通って来るうちに、すっかり打ちとけてくれるようになるといいます。

彼女によると、営業のコツはセールスマンとしてではなく、一人の人間として客と接することだそうです。そして、話し手が話しやすいムードを担っていくように努力するわけです。このように心がけると、話の節々に出るあいづちや意見も、すべて彼女個人の考えから出るものとなり、商売臭さがなくなってくるのです。

もちろんセールスですから、最後に自社のパンフレットは置いていくそうですが、客の多くがまた彼女と話をしたいからと、商品を注文してくれるそうです。

このケースは、仕事を離れた人間づき合いが、たくまずして相手の心を開く〝お膳立て〟になったというわけですが、お膳立ては、何もこうした方法だけではありません。ちょっとした聞き手の心くばりで、相手は心を開き、話に乗ってくるのです。

2 〝第一声〟で相手を話す気にさせる

芸能レポーターの梨元勝《なしもとまさる》氏といえば、その〝突撃取材〟で有名でしたが、彼の口グセは「すみません」だそうです。被取材者である芸能人にマイクを向けながら、「すみません、梨元ですが」と言って、鋭い質問を浴びせかけるシーンをテレビでご覧になった人も多いはずです。

取材される側としては、プライバシーに関する質問など答えたくないのは当然です。「すみません」と言われたからといって、そう簡単に気を許すはずはないのですが、私の見るところ、梨元氏は芸能人の間でそう嫌われているようには見えません。あれだけの活躍ぶりなら、もっと煙たがられて当然の気もするのですが、「梨元さんなら、仕方がないな」と、半ば観念したような気になって重い口を開く人が多いのです。これは、梨元氏の人柄もさることながら、「すみません」のひと言の効用とでもいうべきものではないでしょうか。

一般に、人にものをたずねる時は、最初に、非礼を詫びる一言を発すると、スムーズにその後の会話が運ぶものです。たとえば、人に道をたずねる時、まず「申し訳ありませんが」あるいは「すみませんが」というのがマナーです。それがなければ、相手を「この人は口のきき方も知らないのか」と不愉快な気分にさせてしまうことがあります。

つまり、人と顔を合わせた直後の第一声は、その後の会話を展開させるために最も重要な意味を持っているのです。ビジネスマンが取引先の人と会う場合、まず、名刺交換をして、お互いが自己紹介をしてから、具体的な用件に入ります。これは一種のビジネス上の手続きなのですが、このプロセスを省略していきなり用件を切り出したりすると、「失礼ですが、どちら様ですか」と冷ややかな一言を頂くことにもなりかねません。つまり、名乗るという行為は、お互いに聞く相手として認め合うという儀式でもあるわけです。

話を聞きたい、依頼事をしたい、といったケースでは、より丁寧に、そして正確に自分を名乗ることによって、相手に好意を示すことが必要でしょう。

さらにこの第一声の重要な役割は、単なる礼儀という意味以外に、相手の警戒心を解くためのキーワードにもなるという点です。というのも、第一声によって、人は相手の印象を決めることが多いからです。初対面でも「こんにちは、○○です」とさわやかに挨拶されれば、誰でも「なかなか感じのよさそうな人だな」と相手に好印象を持つものです。最初にいい印象を与えておけば、その後の会話もトントンと運んでいきやすいことはいうまでもありません。

逆に曖昧な自己紹介だと、相手は不安な気持ちになり、会話も弾みません。何ごともスタートが肝心といわれますが、人から話を聞く場合でもそのことは変わらないわけです。

3 「京都はどうでしたか」より「京都はどこがお好きですか」

先日、ある会合に出席した折に、「京都に行かれたそうですが、京都はいかがでしたか」という質問を受けたことがありました。実はこの手の質問は、しょっちゅう受けるのですが、ここで聞かれた側の気持ちを正直に打ち明けますと、いささかウンザリとした気持ちにさせられます。というのも、一口に京都といっても、京都の味なのか、名所なのか、暮らしなのかさっぱり分からないからです。仕方がないので「なかなか良かったですよ」と適当に答えておきましたが、おそらく質問をした方でも何が良かったのか分かってはいないでしょう。つまり、この会話には、まったく内容がないのです。

新聞記者や雑誌記者の取材におけるセオリーに、「イエス、ノーで答えられる質問をするな」という一項があります。取材というのは、ある質問を手がかりにして対象に迫っていく作業です。相手の答えがイエス、ノーで終わってしまえば、まったく発展性がなく、また新たな質問が必要だからです。話の流れもギクシャクするでしょうし、こちらの意図する話を聞き出すことも困難です。それだけに、相手がそのことを具体的に説明できる質問を用意する必要があるわけです。

先の「京都はどうですか?」も、単純な質問のようでいて、実は具体的に答えようのない漠然とした質問です。実のある話を聞きたいと思うのなら、例えば「秋の京都は美しいといいますが、どこをご覧になりましたか」といった具合にまず京都のどこに行ったのか、何に興味を持ったのか、といったことを尋ねます。それから、「嵐山の紅葉はいかがでしたか」といったように興味のある事項について質問するのです。これなら相手も具体的に答えられるし、答えに迷うこともないでしょう。

もっとも、時には例外もあります。例えばパーティなどで偶然、同じテーブルについた初対面の相手と話す機会が生じた時です。相手のことがまったく分からないのですから、その時は漠然とした質問で、相手の輪郭を探っていくより方法がありません。

例えば、パーティの日が連休明けであったとしたら「お休みはどうでしたか」といった具合に曖昧な質問をしてみます。もし「いや、私には連休は関係ありませんからね」と答えれば、普通のサラリーマンではないことがおおよそ分かってきます。こうして曖昧な質問を繰り返していくうちに、徐々に具体的な話へと持っていくのが、初対面の人に話を聞く時のテクニックといえます。

また、人間の中には極めて能弁な人もいます。ロスアンゼルスについて「いかがですか」と聞いただけで、ロスアンゼルスについてあらん限りの知識や自分の考えを滔々と話してくれる人がいます。そのような性質の人から話を聞く時には、答えを限定させる質問よりも、漠然とした質問の方が、面白い話を聞けることもあります。

4 聞きたいことは〝小出し〟にしない

会話が弾むと話がどんどん飛躍して、当初の予定とはまったく違う方向に進んでいくことがあります。そして、そのまま聞きたいことを聞くこともできずに、話が終わってしまう――こんな失敗はよくあることです。

会話は、話し手と聞き手との共同作業です。話の内容をどのような方向に向かわせるかも、言葉のキャッチボールを繰り返しながら、両者が決定していくことになります。ですから、話の軌道がおかしな方向に行かないようにするには、とくに聞く側の人間が会話を始める前に、話し手に大まかなコースについて了解してもらうことが賢明な方法です。

つまり、何が聞きたいかということを、あらかじめいくつかのポイントに整理して、話し手に説明しておくわけです。これもお膳立ての一つで、そうすると、話が終わってから「あのことも聞きたかったのに」と悔やむようなこともないはずですし、話し手の方でも、何を話せばいいのかが明確になるので話がしやすくなります。さらに、話し手はテーマさえはっきりと決まっていれば、聞き手が理解しやすいように、会話の流れを考えてくれることもあります。

もちろん聞き手も、話し手にテーマを説明したからそれでいいということではなく、あらかじめ話を聞く順序を自分なりに組み立てておくことです。

ポイントをしぼって聞く時も、日常的な事柄や、あるいは最近、話題になっている事柄に絡ませた質問から、会話をスタートさせるのがコツです。

たとえば、証券会社に勤めている知人を訪ねて、株のことについて尋ねるとします。その時に、「最近、土木・建設の株が話題になっていますね」といったトピック性のある話題から入っていくのも一法でしょう。その方が会話がスムーズに流れるし、自分の分かる範囲から、少しずつ知識を積み重ねていくので、聞き手にとっても理解しやすいのです。話し手の方も、最初から「指定銘柄のメリットを教えて下さい」と言われては、「何をいきなり」と面食らってしまうでしょう。つまり、会話にも順序というものがあるということです。

この会話の順序についてさらに加えるならば、核心の質問を最後に回すことも、勘どころの一つといえるでしょう。「最後に大切なことをお聞きしたいのですが」と言えば、話し手は「これで最後だ」とホッとした気持ちになります。この話でまとめようと思い、気を入れて話をしてくれるものです。

さらには、そこから話の幅がグッと広がることも考えられます。ショーでもスポーツでも最後の出し物が最も充実しているものですが、会話もまたその例外ではありません。

5 最初に自分の意見を明らかにしておくと、相手の意見を聞き出しやすい

アメリカの著名な心理学者ギノットが、子どもを叱る時の効果的な方法として、こんなことを言っています。

叱る側と叱られる側との心理的な落差が大きければ大きいほど、子どもは萎縮し反発心を感じるので、叱ることの効果は逆に小さくなる。そこで、叱る時は、その落差を埋めるよう努力しなければならない。その方法として、叱る前に「この問題について、私はこう思うが君はどうか」と、まず自分の意見を言ってから、相手に同じことを聞けばいい、とギノットは提案しています。まず、自分の意見を言って「自分も考えているんだ」と相手との心理的な落差を埋めておいてから、「君の意見も聞きたい」と、相手を認める形で尋ねる。これによって、相手

の心を開かせようという方法です。

この方法は、その場の雰囲気に緊張して、自分の意見をうまく言えない人から話を聞く時にも有効です。例えば、会社で上司が若い社員の意見を聞きたいと思っている時に「もっと売り上げが伸びる方法はないのか」と頭ごなしに質問しても、部下からはなかなかいい答えは返ってきません。一方的に叱られているかのような心理的な圧迫感が部下にあるからです。

これでは、いい意見を聞くことは不可能です。そこでまず、自分の考えを部下に示すわけです。例えば「私は営業マンのタイムカードをやめればもっと自由に活動できて、成績もあがると思うんだが」といった具合です。その後に「では、君ならどんな手を打つ？」などと質問すれば、部下からも意見が飛び出してくるはずです。

上司と一緒にいるだけで緊張して話すことができない、という部下や若手が少なくありません。自分と同じ立場で意見を求めている、そのことに若手社員は萎縮していた心を開いて、また、相手から認められたことに発奮して、自分の考えを述べることになるのです。

会社の上司と部下の関係のように、上下関係という落差がある場合は、なかなか素直な意見は聞きにくいものです。どうしても部下の方は、遠慮して上司の意見に同意しがちです。忌憚のない意見を聞くには、まず上下関係の落差を埋めて、相手を話しやすい状態にしていくことがポイントといえるでしょう。

6 相手のホンネは、親や友人の意見として聞き出してみる

初対面の人とは、お互いに手の内が読めない不安もあって、なかなか打ち解けた話ができないものです。「こんなことを聞いたらバカにされるのではないだろうか」という不安が頭をかすめたり、そのために、質問も表面的になりがちです。

また、質問がその人のプライバシーにかかわるデリケートな内容の時は、例え知己であっても聞きづらいものです。例えばテレビのレポーターは、よくタレントなどにズバズバと〝愛情問題〟について質問していますが、それは彼らの職業意識のなせる業であって、私たちにはとうてい真似ることはできません。

とはいっても、相手にとって都合の悪いこと、言いたくないことを、どうしても尋ねなければいけないというのなら、相手に「自分のこと」として質問せず、「あなたの友人は○○についてどう言っているだろうか」といったように、対象を他の人間に置き換えて聞くのも一つの方法です。この方法を使えば、デリケートな内容でも、たいていは、すんなりと答えが返ってくるはずです。

例えば、金銭に関する質問をする時も「あなたの年収は」とストレートに尋ねられた時、相

手は答えづらいものです。そこで、「あなたぐらいの年代だとどれぐらいでしょうね。ご友人はどうですか」と聞いてみるのです。すると、相手からは「友人たちの話を聞くと……」といったふうに答えが返ってくるものです。

ここで友人というのは、ほとんどの場合は自分のことと考えていいでしょう。「私の意見としては」といって話すのは、どことなく気恥ずかしく、相手に見透かされてしまうような気がしても、他人のこととしてなら、あまり抵抗なく話すことができるわけです。

この方法は女性との会話にも効果的です。若い女性の中には、自分の意見を堂々と口にする人も増えていますが、全体で見ると、まだ少数派のようです。多くの女性は、人からどう思われるかということを気にして、なかなかホンネを口にしたがらないのかもしれません。

ところが、ホンネを吐きたがらない女性でも、家族や友人たちの話としてなら、大胆な意見もアッサリと口にするようです。例えば「友達の中には、女性だってもっとセックスを楽しめばいい、という人も多いんです」といった具合です。これはとりも直さず、その女性のホンネの場合が少なくないのです。

女性に限らず、相手がタテマエしか口にしないのは、ホンネを話すのを拒否しているからとは限りません。それどころか、内心では言いたくてウズウズしているようなこともあります。

ただ、自分のことを正面切っては言いにくい。そのような時に「ところで友人はどう思っていますか」という一言をつけ加えて、相手が話すための条件を整えてやればいいわけです。

7 時には曖昧な聞き方が、相手のホンネを引き出すことがある

古典落語の中に、こんな話があります。ある大店《おおだな》の主人が小僧の素振りがおかしいので、「何か悪いことをしたな」と感じて、その小僧を呼び出します。その時点では小僧が何をしたのか、主人には分かっていません。

そこで、主人は一計を案じて「何で呼ばれたか、分かっているだろうな」と、さも承知しているふうに言うと、「どうもすみません」と、その小僧は次々に悪事を白状し始めます。主人の言葉が曖昧なために、小僧は何のことを言っているのか分かりません。そのため、次々に「あのことだろうか」と勝手に判断して、悪事を全部白状させられるわけです。

この落語の中のエピソードは、往々にして日常生活にも当てはまります。例えば、夫の様子が最近どうもおかしいので、妻が「あなた、いい加減にして下さいね」とカマをかけます。すると夫の方があわてて、「すまん、あの女とはすぐに別れる」と、自分から浮気を白状してしまうという冗談話もあります。

このように、会話の中に曖昧な言葉を差しはさむと、相手から思わぬホンネ（本音）を引き出せる時があるようです。ある経済ジャーナリストの例ですが、彼は会社の社長や重役に取材をしている時、話が一段落すると腕を組んで溜め息をつきながら、「しかし、どうなるんでしょうねえ」と、曖昧な問いを投げかけるそうです。すると、それまではタテマエ論に終始していた相手が、「そうですね……」と一変してホンネを話し始めるのです。

「どうなるんでしょうねえ」と言っている方は、別に特定のことを頭に思い浮かべているわけではないのですが、聞いている方では「やっぱりあのことを知っているんだな」と勝手に判断してしまう――これも、冒頭で紹介した小僧と同じ心理です。

思わせぶりで曖昧な言葉は、うまく使うと相手の意外なホンネを引き出すのに極めて有効です。しかし、相手がすでに言うべきことを言ってしまっている場合や、普段の私たちの日常会話では、逆効果になることが少なくありません。なぜなら、相手に「この人は、私の言っていることが理解できないのだろうか」と頭の働きを疑われてしまうからです。それだけでなく、相手が答えにくい曖昧な質問を投げかけるのは、普通の場合は親切な聞き手とはいえません。

曖昧な言葉が通用するのは、あくまでも相手にまだ隠していることがある時に限ります。よく相手の話を聞いて、相手がホンネで話しているか、タテマエでしゃべっているかを判断してから、この奥の手を使うのが賢明です。

8 「間《ま》」が必要なのは、話し手も聞き手も同じ

話術の大家といわれた徳川夢声《とくがわむせい》氏は、よく「話術とはマ術なり」と言っていました。あの見事な名調子で、聞く者の心を自在に操っていた夢声氏の達人ぶりを思い出すと、マ術というのは「魔術」と言ってもいいような気がするのですが、ここでいうマ術とは「間術」のことです。つまり話の上手下手は、言葉での切り目となる「間」の置き方、使い方に左右されるというわけです。

話し上手というと、必ず名前があがる黒柳徹子さんも、「間」のとり方が大変上手な人です。黒柳さんはまた、早口の代表選手のようにも言われています。

たしかに、普通の人と比べると話の速度はかなり早いのですが、ある一定の時間内に話す言葉の数は、普通の人とそう変わらないそうです。これは、黒柳さんがいかに「間」を重視して、話しているかを物語っていると言えるでしょう。

この「間」というのは、どのようなものなのでしょうか。先ほど、言葉と言葉との区切りと言いましたが、実際にはそれ以上に深い意味を持っています。例えば、ごちそうを食べたあとは、「ああ、おいしかった」と余韻を楽しむものです。話の「間」も、ある意味では満腹後の

余韻とよく似ています。相手からいい話を聞いた。その話を頭の中で「なるほど」と納得する時間も「間」です。話術の達人は、相手が十分に間を置いたのを見計らってから、再び話を始めるのです。時間にすると、だいたい2回、唾《つば》を飲み込む程度でしょうか。

こうしていうと、簡単なことのように思えるかもしれませんが、的確に「間」をとって話すには、極めて高度な技術が必要です。というのは、話し手からみれば、相手のリズムを考えなければならないからです。間を置き過ぎると、それこそ話が間のびしてしまうし、逆に短すぎると、感動も余韻もなく、ただ話しているだけという結果になってしまいます。歌舞伎や能など古典芸能でも、「間」がとれるようになったら一人前と言われるほどです。それほど「間」をとるのは難しい技術なのです。

話す側の「間」についてばかり述べてきましたが、相手にスムーズに話をしてもらうには、聞き手の側でも「間」のとり方を工夫してみることは効果的でしょう。例えば、相手が最も言いたいことを言い終えた場合には、唾を飲み込みながらうなずいてみせるなど、その間を置いたことによって、相手は聞き手が十分に納得したことを確認して、スムーズに次の話に進めるわけです。

また、聞き手が会話の主導権を握りやすいのも、この「間」の後です。2呼吸置いた後、「ありがとうございました。次に……」といった具合に話を簡単に切り換えることができるのです。

「間」というのは、最も高度な話術と言えますが、これは聞き手にとっても、会話を盛り上げたり、あるいは会話のイニシアティブを握る上で有効に使うことができます。

9 「話すべきか」を「話したい」に変える聞き手の一言

会話の流れには、一定のパターンがあります。たいてい、最初は差し障りのない世間話から始まって、徐々に話題が個人的で微妙な事柄に移っていくものです。もちろん、聞く側が興味をそそられるのは、そうしたデリケートな話題の方です。ところが、話がいよいよ核心に差しかかってきたと思ったら、肝心のところで話し手が急に口を閉ざしてしまうことがあります。

「これ以上はオレの口からは言えないよ。これぐらいで勘弁してよ」というわけです。そんなふうに口を閉ざしてしまうのは、話し手の立場にすれば当然の心理でしょう。例えば、会社の上司の話をしていたとします。それ以上、話をするとどうしても悪口になってしまう時、その悪口を社内の誰かに口外されたら、会社での自分の立場が悪くなるのは目に見えています。口を閉ざすことは自己防衛でもあります。

もっとも、その行為は相手が話を全面的に拒絶しているのではありません。話してもいい、しかし、その話が他の人に伝わったら大変だからやめておこうと、相手は考えているのかもしれません。ですから、そうした不安を取り除いてやればいいわけです。

デリケートな事柄について話し合っていて、相手の口が急に重くなったと感じたら、「大丈夫です。ここだけの話にしますから」と、一言確約することでしょう。その一言に相手はある程度は安心して、再び話を続けてくれるものです。

つまり、話すべきか話すまいか、その間で振り子のように揺れ動いている気持ちを、話したいという方向へ決断させるためには、何かのきっかけが必要なのです。「大丈夫です……」という一言は、相手に安心感を与えると同時に、話を次に展開させる突破口になるわけです。

話しにくいことを話させる、きっかけづくりの名人がそろっているのが警察です。〝落としの達人〟といわれる刑事は、実に巧みにきっかけをつくって、犯人を自白させるといいます。例えば、ある刑事は犯人の気持ちの高揚を推し測りながら、絶妙のタイミングで仏のように優しく「悪いようにはしないから」と一言ポツリと言います。すると、それまで黙っていた犯人が、ボロボロと涙を流して自白を始めるというのです。

もっとも、聞き手の一言で相手が話をすることを決断させるには、それなりの〝環境〟づくりが求められるのも事実です。

例えばいくら「口外しません」と言ったところで、ニヤニヤしながら言ったのでは、相手からの信頼が得られず、逆に一層固く口を閉ざしてしまうでしょう。きっかけづくりには、話し手を信頼させるだけの聞き手の誠実さが必要だということです。

10 相手の無意識の行動からも、「聞く」きっかけづくりができる

会話が途切れて間《ま》が保てなくなった時ほど、聞き手にとって辛いものはありません。対談の相手が初対面の人であればあるほど、話題を探すのに苦労するものですし、まして、無口な人と会って話が途切れたりすると、何を聞いていいものやら絶望的な感じになります。このような時、うまい打開策はないものか、と私はよく相談を受けます。

会話が続かないのは、次の話へのきっかけがつかめないからです。そのきっかけを作る方法として、私がときどき利用をするのは、相手の無意識の行動を話題にすることです。口をつぐんでしまった無口な人でも、何か動きはあるはずです。例えば、タバコを吸うかもしれません。洒落《しゃれ》たデザインの腕時計がチラチラ見えるかもしれません。そんな相手の無意識な行為を話題に乗せると、相手は口を開いてくるものです。

話し相手がコーヒーをブラックで飲んでいるとします。これも話のきっかけに利用できます。

「砂糖《シュガー》を入れないでコーヒーを飲むなんて、通《つう》なんですね」と話を切り出せば、相手は何か答えたい気持ちになるものです。

コーヒーをブラックで飲んでいるのは、相手にとっては過去の習慣に沿っているいわば無意識の行為でしょうが、改めて問われると、意識の隅にあったものが刺激され、「ああ、こうして飲むのは学生の頃の徹夜勉強の習慣でしてね、別に健康に気を使っているわけではありませんよ」と、口を開いてくれるかしれません。こうしたきっかけができれば、また話題を本題に戻すことも可能です。

しかし、相手の無意識な行為を取り上げるのでも、その人の特殊な行為を話題にするのはよくありません。例えばクセです。ジッと何かを考えながら指の爪を噛む、鼻の頭を軽くこする、目を激しくまばたく、といったクセは、自分でも良くないと思っていながらも、無意識に行っているものなのです。ですから、こうしたクセを話題にされようものなら、たちまち不機嫌になってしまうことになります。話のタネを探すのにも、相手を傷つけない配慮は必要です。

ある一流企業の社員研修会に出席した時のことです。担当者の部長は相当に無口な人でした。カリキュラムの打ち合わせをしていても一向に口を開かず、部下が気をつかいながら代弁するありさまでした。

部長をよく観察すると、どうも眠そうな顔をしています。それで、「お疲れのようですね。

お仕事はお忙しいんでしょう」と水を向けてみました。すると、やっと反応があり「ええ、研修の準備でクタクタなのです。先生にお願いしなければならない問題もたくさんありますし…」と、次第に口もなめらかになってきたのです。

相手の身体をいたわるきっかけを作ったことで、コミュニケーションが良好に運んだという例ですが、このように無口な相手でも、聞き手の巧みな配慮と誘導があれば、話は必ず発展していくはずです。

11 〝雑談〟にこそ、聞いておくべき情報がある

ベテランの新聞記者に言わせると、取材に出かけて本当に面白い話が聞けるのは、「取材が終わってから」だそうです。「今日はどうもありがとうございました」と礼を言ってから、メモやICレコーダーをバッグにしまいながら、世間話でもするかのように「でも、あなたの方もいろいろ大変でしょうね」などと、さりげなく水を向けるのです。

相手も、取材が終わってホッとしているところです。正式な取材ではなく私的な雑談というつもりでいますから、取材ならしゃべらないことを何気なく口にしてしまうのです。雑談の場

というのは、相手が警戒心を持たずに話ができる雰囲気がありますから、意外な情報が拾えるのです。事実、こうした雑談から、何回も特ダネをつかんだことがあると語っていました。

サラリーマンにとっても、日常的な生活範囲の中の雑談の場が情報収集の宝庫となります。とくに個人についての情報は、雑談の場にいれば頻繁に出てくるものです。例えば、会社の昼休み、同僚と外に食事に出かけたとします。レストランで定食などを食べていると、出てくる話題は同じ会社の上司や同僚についてばかりです。

「大阪営業所長は、来週からヨーロッパに出張に行くらしい」「専務が伊豆に別荘を買ったそうだよ」といったように、実に様々な社内の人間の話題が食卓を賑わします。時には、「総務部長が今度、北海道に飛ばされるらしい」「課長とあのクラブのママはあやしいよ」といったナマぐさい情報が飛び交うこともあります。

そうした個人情報を聞き流さないで、頭の片隅にとどめておくようにすると、後々役に立つこともあるものです。例えば、帰りの電車の中で偶然、上司にバッタリ出会ったとします。その時に、「ヨーロッパに行ってらしたそうですね」と雑談から拾った情報を活用すれば、話題に窮することもありません。上司の方でも、自分のことを知ってくれている相手を憎く思うことはないでしょう。

雑談での話は役に立たない情報ばかりで、実のある話などない、とアテにしない人もいます。

しかし、雑談にこそ、有効な情報がゴロゴロしているのです。ただ、ほとんどの人はそのことに気がつかず、雑談の内容など右から左に聞き流し、その日のうちに忘れてしまいます。だからこそ、雑談から拾った情報は価値があるのかもしれません。

12 「聞き上手」の真似も、聞き方上達法の一つ

新入社員が仕事を覚えるプロセスというのは、ほとんどが先輩社員の真似をしながら、というケースが多いものです。例えば、得意先への電話のかけ方についても、いつもマニュアル通りというわけにはいきません。臨機応変の応対が求められることの方が多いはずです。新入社員はそんな先輩社員の姿を見ながら、応対法を自然に身につけていきます。

聞き方についても、同じことがいえます。彼と話をしていると不思議と和やかな気分になって、普段は口の重い人でも会話を楽しむことができる――そのような「聞き上手」があなたの周囲に1人か2人はいるはずです。そんな「聞き上手」を探して、話の聞き方やあいづちの打ち方、それに電話の応対などを真似てみるのも、聞き方を上達させる効果的な方法です。

例えば、その人物が電話で話をしていたとします。その時の応対をよく聞いておいて、次に

自分が電話で話す場合に、同じ要領で応対してみます。そうすれば、自然にその人物と自分との違いがどこにあるかが分かるはずですし、いつもとは違う聞き方で会話を始めると、相手の応対もいつもとは違ったものになることに気がつくはずです。こうした訓練を積み重ねていけば、知らずに「聞き上手」になっているものです。

ただ、お手本とする人物に常に注意して、聞き方を勉強するのは結構なことですが、ここで注意したいことは、あまり相手の目ざわりにならないことです。また、真似といっても、その人固有のクセまで真似る必要はありません。

そこまで「ソックリさん」に徹してしまうと、周囲から「課長の物真似でご機嫌とりをしている」といったような、いわれのない中傷をされる原因にもなりかねません。真似るのはあくまでも聞き方だけにとどめておくことです。

聞き方は、聞く態度の悪い人を反面教師にして学ぶこともできます。“他人は自分を映す鏡”と言われるように、「何だ、あいつは」と思うようなことを、往々にして自分もやっているものです。人の話を無視したり、自分ばかりしゃべっている人の会話もよく聞いて、自分ならどうするかを考えてみることです。

会社以外でも、聞き方の勉強はできます。例えば会社帰りにスナックで一杯やっているとしましょう。隣の席に耳を傾け、彼らの会話のキャッチボールに自分も疑似参加して、頭の中で質問をしたり、あいづちを打ったりするわけです。やはり、人の会話によく耳を傾けることが、「聞き上手」になるための第一歩と言えるでしょう。

13 話を聞く時は、相手だけでなく、自分をもリラックスさせる

会社の役員がずらりと出席するような会議に参列すると、自分が発言するわけではないにもかかわらず、話を聞いているだけで大変緊張するものです。同じように一対一でも、自分がより目上の人や、優れた人の話を聞いている時も緊張感はあります。コチコチに固くなってしまい、相手の話も十分に聞くことができなかったということもあるものです。

ところが、聞く側が変に緊張しますと、相手の方にその緊張感が伝染して、会話がぎこちなくなることがあります。したがって、一対一で話を聞くという時には、聞き手にもリラックスした姿勢が求められるのです。

大企業の社長や一流大学の高名な学者であろうと、上司や目上の人であっても、その人たちの話を緊張せずに聞く方法があります。

おすすめしたいのは、人の話を聞く時に、「ちょっとした問い返し」をすることです。例えば

「では、これはこういうことになるわけですね」とか、「そうすると、率直にいうと……でしょうか?」などと、相手の話を自分なりにまとめ、確認のための質問という形でしてみます。質問するということは、相手に対して失礼にはなりません。むしろ、相手の話をよく聞いていることの表れです。

一生懸命に話している時に、相手が「ハァ」とか「エエ」しか言わず、積極的な反応を示さなければ、話す側はシラけてきます。その点では、話の合間合間に時々この「ちょっとした問い返し」をあいづち代わりに使うと、相手もホッとしたり、熱心に聞いている人だと印象もよくなってきます。

このような質問をすることで、聞き手も緊張感が解け、相手をゆっくり観察できる心の余裕が出てきます。あとは、話し手の容貌が自分の父親に似ているところがあるとか、優しかった学校の先生に似ているとか、親しみを感じる箇所を探し出してみることです。さらにはスーツの色、話をする時のしぐさ、言葉づかいのクセなど、自分が好意を持っている人のイメージと、相手をダブらせるのです。こうすると、不思議なもので、目の前の人に対する恐怖感が薄れ、リラックスした気持ちになってきます。

こうした聞き手の態度は、話を引き出すために大切な要因ですが、いくら開放的な雰囲気づくりが必要だからといって、自分から脚を組んで腰かけたり、無理につくった慣れなれしさは好ましくありません。心はリラックスはしていても、きちんとした礼儀作法は守ることです。

相手を不愉快にさせるような誤った開放感は、逆効果を招きます。

第8章

初対面から親しくなれる聞き方

1 「あなたは？」と添えるのが、初対面の挨拶

初対面を苦手とする人は多くいます。共通の話題も見当たらないし、相手の人柄も分からない。だが、そういう話しづらい時こそ「聞く（訊く）」技術が生きるというものではないでしょうか。

〝いい聞き上手〟とは受け身ではなく、話の流れをつくる人です。話の機先を制する人といってもいいでしょう。例えば、初対面での挨拶も「先んずれば人を制す」です。

ただし、ワンストロークでなく、ツーストロークにする工夫がほしいものです。「初めまして」だけでは「こちらこそ」で終わってしまいます。これがワンストロークです。ツーストロークの挨拶では、例えば、こう一言つけ加えます。「初めまして。ゆうべは寒かったですね」。これなら相手は「こちらこそ」だけではすませないはずです。そして、「まったく冷え込んだものです」などと応じるでしょう。こういう前哨戦が、初対面から話をはずませる糸口になるのです。気候のことだけでなく、相手のことを話題にすれば、さらによいでしょう。

ツーストロークの技術は日常的にも、コミュニケーションを深めるために使って頂きたいものです。「行ってきます」「行ってらっしゃい」で一段落させるのはワンストロークです。「行

ってらっしゃい。傘持ったかい？」。これがツーストロークの聞き方です。

こう言えば、

「えっ、雨になるんですか」

「ああ、夕方降ると昼のニュースで言ってたよ」

「助かりました。あ、帰りにほかのお客様のところにも顔を出してきましょうか」

「じゃ、A商事さんに寄ってくれないか。私がよろしくと言っていたと伝えてくれや」

「A商事のBさんですね。何か耳よりの話を聞き出してきますよ」

と、ツーストロークの挨拶がきっかけで、トントンと話題が飛びはねていくものです。

家庭でも同じことです。「お帰りなさい」と言われて「ただいま」だけでは、どうせあとは「メシはまだか」「風呂」「寝る」でしょう。これでは家族は寂しいものです。しかも、こういうメシ・風呂・寝るの3語族の亭主の家庭から「ウチには会話がありません」という妻の怨み節が聞こえてきます。

例えば妻には、「ただいま。うまそうな匂いだな、今晩はロールキャベツ？」などとツーストロークを加えれば、相手の次のコトバを誘発することができます。子どもには、「ただいま。オッ、おにいちゃん勉強してるね、えらいぞ」などと言うのが、親としての役目というものでしょう。

初対面に限らず、いい聞き方（訊き方）の基本技術として身につけて頂きたいものです。

2 話題を弾ませるツーストローク法

私は研修・講演のために飛行機や新幹線などで全国各地を回りました。機（車）内で若い美人と隣席になることもありました。そういう時、「雑談してみようか」と思っても、何しろ初対面です。うっかり話しかけては〝連れのオッカナイ人〟がどこかにいるかも知れませんし、彼女も迷惑かもしれません。

そこでどうするか？　こういう時こそツーストローク法の出番です。

「お一人ですか」では尋問になる恐れがあり、場合によっては「一人ならどうしようっていうの？」と警戒されることがあります。私はしばしば彼女を観察したあと、こう挨拶します。

「今日は寒い（暑い、穏やか、涼しい）ですね」

これだけなら彼女は「エエ」とか「そうですね」で済んでしまいます。すぐにコトバを続けて、ツーストロークにします。

「失礼ですが、この路線はよく利用されるのですか？」

彼女の頭上の荷物棚の品物によって、だいたいの想像はつきます。

「いいえ、久しぶりの新幹線です」とか、「そんなに急ぐことはないのですが、早く向こうに着きたいので……」「友達と終着駅で待ち合わせて、ちょっと小旅行を……」など、いろいろな返事があります。このあたりになると、私の存在が気づまりになりつつあるか、未知の男性との会話も息抜きにいいと思っているか、おおよその見当がつきますので、私は次のダメ押しをします。

「もしお連れの方がいらっしゃるのなら、席を替わりましょうか」

「おひとりですか?」と詮索《せんさく》しているのではありません。こちらの親切心を示しているのです。

これで彼女はすっかり心を開いてくれます。ニッコリ笑って、

「ありがとうございます。一人ですから結構です」

私は「相手は一人だ」と確認できたのですから、こちらのペースに引き入れることができます。もし連れの人がいたら、やむなく席を譲りますが、必ず反対給付はあるものです。コーヒーをおごってもらったり、週刊誌を「よろしかったら」と差し出されたりしたことがあります。

ちょっとした挨拶から話がはずむものですが、逆にいえば、話がはずむような挨拶を工夫すればよいのです。そうすれば初対面のぎこちなさが取れます。小道具を使うのも工夫の一つです。

では、どう話を切り出せばよいのか、引き出す聞き方を次項で述べましょう。

3 タクシーに乗ると、話に乗せる達人に会える

相手の話題に合わせようとしても、何回か会話を取りかわし、性格や気質が分かっているなら見当もつきますが、初対面の場合は十人十色の性格・気質をつかむのは厄介です。下手にアプローチしようものなら、こちらの痛くもない腹を探られかねません。

・気心の知れない、とりつく島もない人
・顔を見ただけでイヤになる人
・どんな話題を持っているか見当のつかない人
・こちらを見下げるような傲慢な態度をとる人
・下手《したて》に出てこちらをうかがうような人

あなたが今まで会った人を思い出してください。まだ他にいろいろなタイプの人がいるでしょう。こういう「壁をつくる人」とは、初対面で話をはずませるのは無理でしょうか。

以前、仕事で静岡に行った帰途、主催者に個人タクシーを呼んでもらって、駅までの30分あまりを運転手さんと話しました。話をはずませるエキスが込められているので、その例を紹介しましょう。

主催者側の数人に見送られて、私はタクシーに乗りました。「先生、どうも本日はありがとうございました。お気をつけて。運転手さん頼みますよ」の声と同時にクルマは発車します。

運転手さんは素早く私と主催者の関係を読み取ったのでしょう。

「先生、新幹線ですか。どうもお仕事ご苦労さまでした」

と初対面の私に話しかけてきました。

「そう、東京行きです」

あとは次のような聞き方がポンポン出るので、私は度肝を抜かれました。

「そうすると、16時27分の〝こだま〟ですね。道が混んでいますが安心して下さい。遅れないように着きますから」

「先生、タバコを喫うならどうぞご自由に。こちらの窓を細目に開けておきますから、客席の窓は開けなくてもいいですよ」

「ご退屈ならラジオをかけましょうか。といっても先生のような忙しい方は昼間のラジオなどはお聞きにならないでしょうね」

「つかぬことをうかがって申しわけありません。先生は今日、○○（会場の名前）でどんなお仕事だったんですか。いろいろな方のお話を伺うのはいい勉強になりますので。お差し支えなければ聞かせて下さい」

もちろん、私に否応はありません。むしろ、待ってましたとばかりに私は話し始めました。彼のあいづち、質問の的確なこと。私が話にノッてしまい、ついには「一列車遅らせてもいいな」と感じたほど、彼は話の引き出し上手でした。

気分よく私は静岡駅に到着。

「ありがとうございました。いやあ、今日はいい勉強をしました」と運転手さん。

とんでもない。勉強になったのは私です。

「運転手さん、一つ聞いていいかな。あなたは大変な聞き上手だが、秘訣があるんですか」

「別に秘訣って改まってしまうとナンですが、私は毎日、私のクルマに乗って下さるお客さんに、もう二度とお会いできないなと思うと、短い車中の時間でもくつろいでもらいたいんですよ。そして静岡にこんな運転手もいたなと時に思い出してくだされば十分なのです」

4 5分間話を聞けば、5分後は旧知の人

運転手さんの答えを聞いて、私はなおも質問しました。

「でも、どうやって相手に合わせるというか、初対面の客の気持ちをつかむのかが、私に分

からないなあ」

「私がいろいろ失礼なことを言いましたでしょ、その時の先生の反応ですよ。コトバやうなずき方や声などで『だいたいこんな人だな』と予測して、あとはお仕事や好きなことをしゃべってもらいながら、失礼のないように次の手を出していくわけです。

でも、今日の先生には私も驚きましたよ。反応が早いというか、私の予定の先をパッとお答えになる。先生のほうこそ私に合わせて下さったじゃないですか。いや、いい方にお目にかかれたもんです。では先生、どうぞお気をつけて」

50代と見受けた運転手さんの接客観が、私にはとてもよい勉強になりました。この運転手さんは5分間でも話を聞けば、その5分間の情報で次のステップに進める人だったと思います。

互いに気心が分かっている仲なら黙っていても肩は凝りませんが、紹介された者同士だったら、何をどう切り出してよいか困るものです。あるいは交通機関や講演会場、飲み屋などで、何かのキッカケで初対面同士が席を隣り合わせた場合、いきなり名刺を差し出すのも仰々しいし、といって急に周知の間柄のように話し出せば「慣れなれしいヤツ」と警戒されます。

こういう事態になると、互いに気詰まりになり、話は身が入らず、酒や料理は味気なくなってしまいます。

しかし、こういう〝自尊心の危機〟に直面した場合でも、難なく危機を突破し、初対面同士どころか、まるで10年も前から親しく付き合っていたようなムードをかもし出す人がいますから、世の中は面白いものです。

その一人に私の知人M氏がいます。彼は大学卒業後、某銀行に入り、数年前に定年退職し、現在は某大学の講師です。銀行屋サンといえばお堅いイメージが付きものですが、彼は店頭でのお客様ばかりでなく、屋台で知り合った人ともすぐ仲よくなってしまいます。「これが時には誤解も招きやすい」とは彼自身の述懐ですが、根っからの「人間が大好き」な心の基盤が、雑談や会話にノビノビとしたムードを盛り上げていくのでしょう。彼は人の面倒見もよいと好評です。

5 相手は十人十色、あいづちも10に色分けする

「帰りに課長と新宿駅で電車を待っていたんだ。そしたらね……」と話し手が不快そうに眉をしかめると、得意気に結論を先取りして言う人がいます。「人を押しのけてサッサと乗り込んだろう？　みっともないよな」。これでは相手は黙り込んでしまいます。話の腰を折られたも同然だからです。気心知れた間柄でも、相手がどう出るのかは分かりません。まして初対面

の時は先走ってペラペラしゃべるのは禁物です。とりあえずは、「ほう？」とあいづちを打って、次の反応を見ることです。

〝あなたのノドにはすこうし高い。弦の調子を下げてみる〟という都々逸《どどいつ》があります。三味線の糸の調子には本調子、二上がり、三下がりとあり、伴奏を入れる芸者さんが客のノドに合わせて、歌いやすくするのです。カラオケで私たちが「ちょっとキイを変えて」と要求するのと同じです。聞き手も話し手に合わせたあいづちを打って、気持ちよく話させることです。

さて、三味線のツボは18あると言いますが、あいづちのツボは10あると思われます。

①受諾のあいづち……「フムフム」「ええ」「はあ」「そうですね」「ハイ」など

②同意のあいづち……「まったくね」「もちろんだよ」「そうね」など

③誘導のあいづち……「それから」「そして」「で、どうなった？」など

④疑問のあいづち……「そうかね」「ちょっとどうかな」「ほんと？」「どうして？」「ウーン、ちょっとね」など

⑤助勢のあいづち……「それはそうだ」「そうなるだろうね」「キミならね」など

⑥感嘆と喜びのあいづち……「よかったね」「何よりじゃないか」「驚いた」「へえ」など

⑦否定のあいづち……「嘘つけ」「大げさだね」「あきれたなあ」「またそんな」など

⑧場面展開のあいづち……「それはそれとして」「ところで」「話は飛ぶが」など

⑨沈黙のあいづち……時には黙認もあいづちになることがある
⑩終結のあいづち……「そういうことだったんだな」「そこに落ちついたというわけだね」「いやあ、よくわかった」など

これらを巧みに使い分けるあいづち上手こそ聞き上手といえます。

今まで本書では、多くのページに、私は「あいづち」という言葉を登場させました。「あいづち」に似ている用語に「合《あい》の手」という言葉があります。この両者は辞書的な定義によれば、次のようになります。

あいづち（相槌）――鍛冶《かじ》（金属を熱して打ち鍛え器物をつくること）でおたがいに打ちまわす槌。話の調子を合わせること――

合の手――日本音曲で唄と唄との間に楽器だけで奏される部分。会話・物事の進行の間にはさむ別のコトバや物事――

しかし、あなたはこの両者をとやかく詮議する必要はありません。〝相手の話に対する主としてコトバによる伴奏〟と考えていただければ十分です。〝主としてコトバによる――〟と言ったのは、コトバ以外にも表情・ジェスチュア・態度などによるものもあるからですが、コトバによるものがいちばん直接的だからです。

6 「あとで」は禁句。「ここで」聞こう

前項の10のツボで注意するべきことは、あいづちは会話の必須条件として、ただ打てばよいということではありません。

機械的な受け答えでは相手はノッてこないことはもうお分かりでしょう。ただ返事をしていればいいだろうと、適当にうなずいたり、気の乗らない「へえ！」を繰り返していれば、相手もこちらの心中を察して、話す気が薄れてきます。

ここに、ツーストロークを応用して、要所要所で「10のツボのあいづちプラス他のコトバ」をつけてみたらどうでしょうか。

まず日常会話に例をとってみましょう。昼休みに同僚があなたに話しかけてきました。

「日曜に『タイタニック』を見てきたよ」

あなたはすでに封切りと同時に見ていて、新鮮な話題ではありません。どう応ずるでしょうか。

①「今ごろかい（否定）。オレなど封切りと同時に見たよ」
②「それで（誘導）。彼女と一緒にかい？」
③ 無言で（沈黙）チラリと話し手を見るだけ

①の応対では、話し手はムッとします。②では、話し手は次の手がかりができるので勢い込んでくるでしょう。③は、自分の話に興味がなさそうだと尻尾を巻くでしょう。気が弱い相手なら「邪魔したね。いいよ、あとで」となってしまいます。

では、後輩が勤務時間中にチラと腕時計に眼をやりながらこう話しかけてきたとします。

「ちょっといいですか。プライベートなことなんですが……」

あなたはどうしますか？

①「あとで（否定）」と面倒くさそうに答える

②「ン？　込み入った話なら断るよ（否定）」とニべもない

③「なんだい改まって。僕にも関係のあることか（誘導）」と先をうながす

④「いいよ。でも勤務時間中だから、手短かに頼むよ」（同意・誘導）とクギをさす。

①②の応対では後輩は「失礼しました」と、すごすご自席に戻るでしょう。あとで「さっきの話は何だい？」と聞いても「いえ、もうすみましたから」とそっけない答えが出るかもしれません。③④の応対なら、相手は話を進めてくるでしょう。

とくに気をつけたいのは「あとで」などの否定のあいづちです。〝今〟を否定した後で、いい話を聞けることはめったにないと思いましょう。

7 自分を印象づけるには、相手に勲章をつけよう

すでに2、3回会って黙礼を交わすだけだった相手が手持ち無沙汰なのか、控え目にこう話しかけてきたら、どうでしょう。

「このごろ、私はソバ打ちに凝ってましてね」

あなたはソバが嫌いではありません。また、サラリーマンの間でソバ打ちが隠れた流行になっていることは知っています。先に述べたあいづち10のツボとツーストロークを参考に考えて下さい。

①「ほう。珍しい趣味をお持ちですね。かなり前からですか」と興味を示す
②「まさか。ずいぶん古風な趣味をお持ちですね」とからかう
③「へえ。楽しいでしょうね。ご自宅で?」と誘導する

①③の応対には、相手は「ぜひ次を話したい」と意気込んできます。②なら相手は「だめだ、この人は」とガックリ参ってしまうか、「古風じゃないですよ。そういうあなたの考え方こそ古いんじゃありませんか」と躍起になって否定してくるでしょう。

①③の応対の後を少し続けてみましょう。

「1年前になりますか。新聞広告でソバ打ちの通信教育があることを知りましてね。私はソバが大好きなもんで」

「そうですか（受諾）。自分で打ったソバの味はまた格別でしょう⁉（誘導）」

「うぬぼれるようですが、打つたびに味がよくなりますよ」

「何よりじゃないですか（同意）。うらやましいですね。ご家族も待っている……（誘導）」

「それがそうでもないんですよ」

「というと？（疑問）どういうことですか。せっかくの腕によりをかけているのに、ちょっとがっかりしますね（助勢）」

「私が『今日はソバだぞ』と言うと、女房は、また？という顔をするし、子どもは『コンビニのおにぎりがいい』とか『カレーライスにして』とか勝手なもんですよ。つい私もムカムカして……」

「それはそうでしょう（助勢）。怒鳴るんですか？」

「いや、怒りのせいで、かえってソバ粉をこねる時に力が入るから、うまいソバができるという寸法です」

「へーえ（感嘆）。家族の批判が逆にうまいソバの完成につながるわけですね。ああ面白い。いいご趣味ですよ」

「どうです、今度おひまな折にいらっしゃいませんか」

「そういえば（場面展開）、酒のあとのソバはまた格別ですよね。伺ってもよろしいのでしょうか。うまい地酒を持っていきますよ」

「あなたもソバ打ちに挑戦してみて下さいよ。結構、奥が深いものですよ。ご同好の方ができそうですね」

次第に相手の話は佳境に入ってきます。顔には満足感が浮かんできます。

あいづちと、そのあとの一言が、いずれも相手をほめるニュアンスになっていることにお気づきでしょう。相手をほめれば、あなたの会話の印象はよくなります。

8　自慢をするより、自慢を聞く人になろう

人間は損得を考えて行動するので「勘定の動物」といいます。また、快・不快に基づいて行動するので「感情の動物」ともいいます。人間は得をしたり快感を感ずるものには惹かれ、損をしたり不快感を味わうものからは遠ざかる習性があります。

ここから、二つの人間心理が見えてきます。一つは、好きなこと、得意なことを自慢したく

なるのは人間共通の心理であるということです。ただし、自慢したい気持ちを見抜かれるのは、いたたまれない人が少なくありません。

また、嫌いなこと、不得意なことは避けて通りたいし、触れたくないということです。ですから、相手の不得意なこと、嫌いなことには極力触れないのが会話のマナーです。とくに初対面の時には、このことを意識して下さい。と同時に、相手が声を大にして言いたい自慢話は、それとなく先を促すのがいい聞き方です。相手は「大したことはないです」と言いながらも、「よくぞ聞いてくれた」と瞳は輝いているものです。

誰でも自慢話の一つや二つは持っていますが、相手の自慢話を聞く時は、決して自分の自慢話をしてはいけません。相手の得意そうな話題が出てきたら、内心「同じように自慢したい」と思っても、グッとこらえて相手の調子に合わせて聞くことが肝心です。

相手と張り合って会話の主導権を握っても、その時は勝利感にひたれるかもしれませんが、結局は財産となるべき人間関係を損ねたり失う結果になります。〝相撲に勝って勝負に負ける〟ことがあってはなりません。

さて、前ページのソバ打ちの話から導かれるもう一つの人間心理は、「同じことでも好きな人が言えば賛同し、嫌いな人が言えば反感を持つ」ということです。用事や用件を好きな人（好感の持てる人）から頼まれた場合と、反発を感じている人（嫌いな人）から頼まれた場合、どちらの人の用事・用件を果たすでしょうか。

好きな人から頼まれた用事・用件は、こちらにも仕事があっても、してやろうという気になるのではないでしょうか。反対に、嫌いな人からの依頼は理屈をこねて蹴ってしまうのではないでしょうか。

すなわち、好感を持たれることは、自分の目的や行動達成に必要な条件でもあるのです。好感を持たれなければ、正しい理屈でも相手からは「屁理屈」と一笑されたり、「ヤツは言うことだけは一人前だけどね」と軽くいなされてしまいます。

人間関係では、何はともあれ相手に好感を持たれること、好かれることが大切です。初対面での話は、まずはそういう印象をつくるためにあるのです。

9　聞き方のセンスは、聞く場所選びに出る

オゾン層の破壊、土壌や水質の汚染、温暖化など、地球の環境問題は全世界的な関心事で、各国とも国際協力の最優先課題としています。地球環境を守ることなしには、健康で文化的な生活を送ることができないからです。

私たち人間同士の会話も、話したり聞いたりする〝会話環境〟を考えることが大切です。会話がスムーズに進むかどうかは、その場の環境が大きく左右します。相談事をするのに周囲が賑やかだったり、楽しく話したいのに静かすぎると、何となく違和感を感じて会話も尻すぼみしかねません。したがって、話しやすい環境づくりを心がけるのも、聞き手の気配りのうちではないでしょうか。相手のことが分からない初対面では、とくに心がけたいことの一つです。

・予定の時間内に話を終了するという演出
・周囲に気がねなく話し合えるムードの設定
・ほどよい温度のエアコンの風の流れ
・お茶などをすすめるタイミング

いずれも会話環境をつくることです。

人間は環境の動物といわれるほど、環境（場）の影響を受けています。会話環境を良くするというのは、その会話の場づくりであり、お膳立てを指します。

私がかつて仲人（媒酌人）をした男女二人は、お互いに独身時代、女性のTさんの方が男性のY君を好きになりました。しかし、慎み深い彼女は、Y君の口から「あなたと結婚したい」というプロポーズを望んでいました。

デートを重ね、次第に二人は互いを「意中の人」と意識するようになりました。Y君が意外にロマンチストであることを見抜いたTさんは、「そろそろプロポーズがあるかもしれない」と、ある夜のデートの環境を東京・上野公園は不忍池《しのばずのいけ》のベンチに求めました。

そして本当に月の冴え渡った静かな夜のロマンチックなムードに励まされて、Y君はプロポーズできたのだと言います。彼女のお膳立てによるムードの勝利です。

場づくり、お膳立てといっても、周囲の騒音、照明、寒暖といった物理的な場ばかりでなく、心の（心理的な）場づくりも必要です。

このように、聞き手のにこやかな笑顔、相手の好きな雰囲気（例えば賑やかすぎず、かといって圧迫感のある顔色は見せないなど）をつくることが重要です。要するに相手が話してみたいとか、もっと話を続けたいと思うような場をつくることとです。

デートばかりでなく、日常のビジネスで商談が成功したあと、相手と「軽く一杯」となったら、「この店でいいですか」と訊いたあとは、「あちらの奥の方にしますか」とたたみかけてみましょう。店のマスターが「きょうは開店から空いています。ご遠慮なくお過ごし下さい」と言ったら、「ちょっと失礼して上衣を脱がしてもらいます。あなたもどうです？　ノンビリして下さいよ」などとつけ加えて、話せる環境をつくりましょう。

〔著者紹介〕

坂川 山輝夫（さかがわ・さきお）

1927年生まれ。国立電気通信大学・中央大学卒業。

エンジニア、営業マン、業界紙記者、国家公務員を経て、68年（株）現代コミュニケーションセンターを設立。数多くの企業・官公庁の研修を担当。聴衆を絶対眠らせないと定評がある。

著書に『部下の能力を引き出す上司の一言』（大和出版）、『部下を叱れる人叱れない人』（ブックマン社）、『巧みな「ノー」が言える本』（成美堂出版）、『講義・講演の話し方』（同文館出版）、『「いとこ会」やってますか？』『新入社員研修に成功する100のツボ』『頭をやわらかくする本』『仕事の「言葉上手」になる99の秘訣』（以上、太陽出版）など、160冊がある。

［現住所］埼玉県さいたま市浦和区領家5-8-1

〈実例〉にみる
「聞き上手」は「生き方上手」

2015年5月30日　第1刷

〔著者〕
坂川 山輝夫

〔発行者〕
籠宮良治

〔発行所〕
太陽出版

東京都文京区本郷4-1-14　〒113-0033
TEL 03-3814-0471　FAX 03-3814-2366
http://www.taiyoshuppan.net/
E-mail info@taiyoshuppan.net

〔装幀・DTP〕宮島和幸（ケイエム・ファクトリー）
〔印刷〕シナノパブリッシングプレス
〔製本〕井上製本所

ISBN978-4-88469-844-7

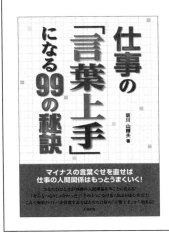